大学生涯闯关记

梁妍娇 梁 英 张 博 著

清华大学出版社
北京交通大学出版社
·北京·

内 容 简 介

本书以刚进入大学的小六月为主角，将小六月从大一入学至大四毕业期间所经历的各种困难与挑战一一呈现，这些困难和挑战正是大学生面临的典型生涯困惑问题。通过围绕在小六月身边的老师、学长学姐、杰出校友、企业专家等人物对小六月的帮助和指导，缓缓道出生涯规划的方法和理念，让我们看到一个萌新小六月如何适应大学生活，探索专业与职业；如何积极开展行动，真正认识自我并找到合适的目标；如何从初入职场实习时的迷茫，到最后逐渐摸清职场的生存之道，实现进阶式成长。

本书从学生视角出发，通过小六月实际的成长历程，为大学生的生涯教育和就业指导提供有效思路和方法，引导大学生正确认识环境，关注国家和社会发展；立足当下，从过去的经历中挖掘资源，建构经验智慧，升级认知水平，激发行动力；主动设计生涯，将个人发展与国家社会需求相结合，在行动过程中逐步找准人生航向，学会科学管理自己的大学生涯。

本书封面贴有清华大学出版社防伪标签，无标签者不得销售。
版权所有，侵权必究。侵权举报电话：010-62782989　13501256678　13801310933

图书在版编目（CIP）数据

大学生涯闯关记 / 梁妍娇，梁英，张博著. -- 北京：北京交通大学出版社：清华大学出版社，2024. 10. -- ISBN 978-7-5121-5396-7

Ⅰ. G647.38

中国国家版本馆 CIP 数据核字第 20245M0S32 号

大学生涯闯关记
DAXUE SHENGYA CHUANGGUAN JI

责任编辑：	田秀青
出版发行：	清 华 大 学 出 版 社　邮编：100084　电话：010-62776969
	北京交通大学出版社　邮编：100044　电话：010-51686414
印 刷 者：	北京虎彩文化传播有限公司
经　　销：	全国新华书店
开　　本：	165 mm×230 mm　印张：13.5　字数：249 千字
版 印 次：	2024 年 10 月第 1 版　2025 年 1 月第 2 次印刷
定　　价：	60.00 元

本书如有质量问题，请向北京交通大学出版社质监组反映。
投诉电话：010-51686043，51686008；传真：010-62225406；E-mail：press@bjtu.edu.cn。

序言

大学,一个充满梦想与挑战的地方,如何更好地度过大学生活?如何做出适合自己的科学决策?如何转变思维与他人相处得更好?如何在变化的环境中认知专业、探索职业?如何通过实习实践重新发掘自我?如何应对生命中的偶然?……

小六月,一名充满活力与好奇心的大学新生,正走过这段充满未知与惊喜的旅程,她的故事或许与你相似,或许又有所不同。但她的经历、她的困惑、她的选择、她的坚持,无疑会触动你的心弦。在这本书中,我们将跟随小六月的脚步,一起探索大学的奥秘,一起面对成长的挑战。

本书共分为六章,每章都聚焦大学生活的一个关键阶段或主题。从新生入学的迷茫与适应,到课程学习的压力与挑战;从实践活动的参与和收获,到人际关系的建立与维护;从生涯规划的思考与实践,到毕业前夕的抉择与准备。每一章都是小六月成长路上的一个脚印,也是每一位大学生必经的关卡。

在这本书中，你将看到小六月如何快速适应大学生活，调整学习方式和策略；通过各类实践活动丰富大学生活，提升自己的能力；在人际交往中学会沟通与合作，建立宝贵的人脉；积极开展探索和行动，找到生涯发展主线，管理好自己的大学生涯；打造职场核心竞争力，为大学生活画上完美句号，开启人生下一个新篇章！

这本书不仅仅是一本指南，更像是一位朋友、一位导师、一位引路人。它将陪伴你走过大学的每一段旅程，见证你每一次的成长与蜕变。在这里，你将找到共鸣，得到启发，获得力量。接下来，让我们一起跟随小六月开启大学生涯闯关之旅吧！

著　者

2024 年 6 月

推荐序

大学是充满无限可能与挑战的生涯发展阶段，在这一阶段，每位学子都面临着不断探索、明确方向、规划未来的重要使命。幸运的是，《大学生涯闯关记》一书以其独特的视角和深刻的洞察，如同一盏明灯，帮助同学们照亮了前行的道路。书中通过小六月这一鲜活人物的成长轨迹，生动地描绘了大学生活的斑斓色彩与重重挑战，精准贴合了大学生生涯规划的实际需求，为广大学子量身打造了一份不可多得的成长指南。

本书以敏锐的笔触，深刻剖析了大学生活的方方面面，从学习方式的转变到社交圈的扩展，从心理调适的历程到思维方式的飞跃，每一环节都被赋予了生命的温度与深度。作者通过一系列生动的案例与切实可行的建议，搭建起了一个全面而深入的成长框架，不仅真实再现了大学生活的现状，更以探索的目光预示了未来人生的种种可能。

尤为可贵的是，本书从拥抱转换的初识大学、探索整合的专业认知，能力跃迁的实践磨砺、行动管理的目标导向，智慧职场的策略规划、追求卓越的自我超越等六个维度进行了层层递进，系统而详尽地阐述了生涯规划的理论精髓与实践策略。不仅提供了宝贵的思考与行动指南，更指明了生涯发展的有效路径。本书既是一本关于大学生活的指南手册，又是一位启迪智慧、引领梦想、陪伴成长的良师益友。

为此，我热忱地向步入大学的新生以及正在大学奋力拼搏的学子们推荐本书。我相信，当翻阅本书时，你会与小六月产生共鸣，共同经历生涯探索的阵痛与喜悦，感受挑战带来的磨砺与成长。更重要的是，你将学会如何在复杂多变的环境中保持清醒的头脑，理性和坚定地追求自己的生涯目标，最终实现你的生涯价值。

愿每一位读者都能从这本书中汲取到前行的力量与智慧，不断探索未知，不断超越自我，书写出属于新时代的人生篇章。

2024 年 10 月 9 日

目　录

第 1 章　拥抱转换：来到传说中的美丽新世界 ··················· 1

1.1　大学与高中大不同 ·· 3
　1.1.1　大学高中关键词云朵连连看 ···························· 3
　1.1.2　巧用九宫格管理大学生活 ································ 6
　1.1.3　绘制大学生涯纵贯线 ···································· 11

1.2　如何更好地度过大学生活 ·································· 14
　1.2.1　新时代大学生的学习之道 ································ 14
　1.2.2　用车日路模型做生涯初规划 ···························· 16
　1.2.3　先测试后填涂成长飞轮 ·································· 20

1.3　适应转变的高效方法 ··· 25
　1.3.1　转变思维与他人相处得更好 ···························· 25
　1.3.2　来自成长顾问的 12 条建议 ····························· 28

第 2 章　探索整合：在 VACU 时代认知专业链接职业 ······· 33

2.1　关于专业那些事儿 ·· 35
　2.1.1　不了解专业何谈喜欢与讨厌 ···························· 35
　2.1.2　多种途径深度认知专业 ·································· 38

I

2.2 职业的艺术照和生活照 ································ 43
2.2.1 企业岗位胜任力模型 ······························ 43
2.2.2 职业信息的获取与分析 ···························· 47

2.3 VACU 时代下的职业世界 ······························ 53
2.3.1 新时代的专业与职业 ······························ 53
2.3.2 无限可能的职业选择 ······························ 57
2.3.3 AI+的正确打开方式 ······························ 59

第3章 能力跃迁：通过实习实践重新发掘自我 ················ 63

3.1 π 型人才的成长策略 ·································· 65
3.1.1 社会人才需求模型 ································ 65
3.1.2 能力修炼的三三法则 ······························ 68

3.2 把握身边的生涯体验机会 ······························ 73
3.2.1 有选择地参加校园活动 ···························· 73
3.2.2 抓住寒暑假实习黄金期 ···························· 77

3.3 重新认知并审视自我 ·································· 79
3.3.1 闪光时刻背后的热爱与坚持 ························ 79
3.3.2 探寻我的人生主题词 ······························ 83
3.3.3 生命中那些重要的人和事 ·························· 87

第4章 行动管理：锚定方向、积极行动、应对变化 ············ 95

4.1 锚定方向——科学决策的道法术 ························ 97
4.1.1 读研是必要的吗 ·································· 97
4.1.2 构建我的决策金字塔 ······························ 101
4.1.3 智慧决策的工具集 ································ 107

4.2 积极行动——确立生涯发展主线 114
4.2.1 从生涯风火轮到职业目标 114
4.2.2 把问题账单变成目标清单 116
4.2.3 三招五式让 Flag 不再倒 120

4.3 应对变化——拥抱生命中的偶然 123
4.3.1 周密计划与临时变化的平衡 123
4.3.2 让偶发事件点亮精彩人生 126

第 5 章 智慧职场：实现人岗匹配如鱼得水 131

5.1 工欲善其事必先利其器 133
5.1.1 三步选定职业蜜罐区 133
5.1.2 求职不可忽略的五要事 138
5.1.3 健康的择业心理准备 140

5.2 简历和面试的底层逻辑 143
5.2.1 证明合适而非优秀 143
5.2.2 打造简历的生命周期 147
5.2.3 又爱又恨的面试怎么破 153

5.3 轻松避开求职中的权益坑 160
5.3.1 谨防虚假招聘和非法中介 160
5.3.2 就业协议陷阱及防范措施 162

第 6 章 追求卓越：成为更好的自己 165

6.1 从容应对校园到职场的转变 167
6.1.1 校园人 VS 职业人 167
6.1.2 快速度过职场蘑菇期 169
6.1.3 职场丛林生存法则 171

6.2 职场青铜到王者的进阶之路 ·· 176
    6.2.1 4P 营销理论提升职场竞争力 ····································· 176
    6.2.2 职场加分的 100 条好习惯 ·· 179
    6.2.3 高效能人士必备七件神器 ·· 187
6.3 职业发展管理的葵花宝典 ·· 194
    6.3.1 先跟后带的动态发展模式 ·· 194
    6.3.2 四个维度修炼职场升值力 ·· 196
    6.3.3 寻求内外职业生涯的平衡 ·· 199

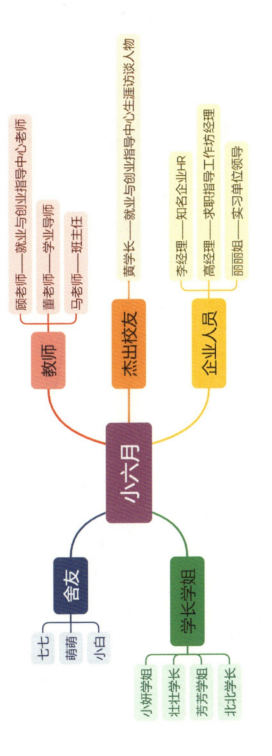

备注：上图为本书中小六月大学生活人物关系脉络图

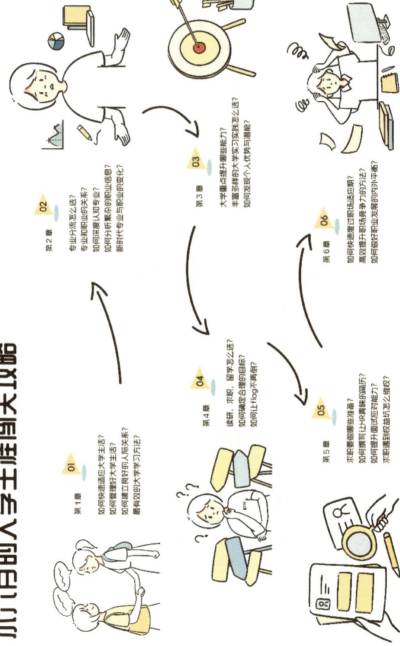

第 1 章

拥抱转换：来到传说中的美丽新世界

我叫小六月，是千万经历高考的学子中的一员。高考前，我曾无数次想象过自己的大学生活。现在我终于考上了理想的大学，选择了一个好像了解又好像不那么了解的专业——交通运输专业。在接到录取通知书的那一刻，我的心情无比激动的同时又有点迷茫，但无论如何，我还是无比地期待和憧憬开启大学生活的全新篇章。听说上了大学就轻松了，有很多娱乐时间；听说大学的学习容易，考试很简单；听说……真的是这样吗？我该如何度过这宝贵的大学时光呢？

1.1 大学与高中大不同

1.1.1 大学高中关键词云朵连连看

"将头发梳成大人模样,穿上一身帅气西装",上面这句歌词恰巧形容了小六月刚走进大学的感受。小六月感觉自己瞬间成熟了,长大了,有一种来到了新世界的兴奋,对大学生活有着无限憧憬,但同时又带着一点紧张无措。初入学校大门,小六月看到报到处人来人往,虽然已经提前做了一些入学指南的功课,但真正面对时还是十分茫然,多亏一位热心的学姐耐心地指引。小六月漫步在校园中,看到古色古香的红砖教学楼、人来人往的图书馆、崭新的体育馆等,强烈地感受到了校园里那浓厚的文化底蕴,小六月相信未来的大学生活一定会非常美好!

大学生涯闯关记

小六月感觉大学校园比高中校园大很多,看着催人上进的校训,心中想着要在这里有一番作为!第一天时间过得飞快,转眼就到了晚上,小六月躺在床上睡不着,想起昨晚还在家里和家人一起聊天、吃饭、看电视的情景,有一点点想家,但转念一想,毕竟自己已经是大学生了,相信能够照顾好自己的!早点休息,明天去参加大学的第一个班会!

在第一次新生班会上,顾老师面带微笑地说:"同学们好!首先恭喜你们学有所成,实现了青少年时期最重要的一个人生目标,进入理想的大学殿堂,即将开启精彩的大学生活之旅。走进大学的校门,你便成为自己学习和生活的主人,迎接你的将是四年的挑战与激情。"

"环顾四周,你会发现校园里有新教室、新操场,还有美味的大学食堂、藏书海量的图书馆;身边有新同学、新老师,还有新的学习任务。"

"在大学生活开始的同时,你对高中学习的场景一定还记忆犹新吧!大学和高中有什么不同呢?你又对大学的四年有哪些期待呢?"

小六月和其他同学一样身子向前倾了一下,目光中满是好奇和向往。

顾老师敲了敲黑板说道:"那么,下面咱们来做一个连线题吧。"看到大家失望的眼神,顾老师笑了,接着说道:"这可不是高中考试的题目哦,这是好玩儿的连线游戏。"

"下面五行词组或短语,混杂在一起列出了描述大学生活和高中生活的关键词。请挑选词组或短语并分别连线到大学云朵或高中云朵。当然,如果你认为还有其他关键词,也可以直接写在其中一个云朵上。"

"连线完成后,请同学们两人一组讨论大学和高中的差异,并分享两三条具体的不同点。"

第1章 拥抱转换：来到传说中的美丽新世界

五湖四海的同学	亲密的朋友	学生会	社团	创新创业大赛	更广阔的舞台
必修课	选修课	职业生涯规划	大学英语	熟悉的环境	父母的陪伴	语数外作业
新的朋友	陌生的环境	独立自主	大学物理	快节奏	论文答辩	专业课
毕业设计	国家奖学金	灵活的考核方式	学术论文	GPA	入学考试
课程大纲	学术标准	志愿者	寒暑假打工	青春期	成熟的思维模式

小六月连线完成后正在观望，旁边的一位同学高高地举起手，顾老师点名给了那位同学发言的机会，"我认为，大学与高中的环境很不同。高中一般都在家乡，离家比较近，同班同学还有小学或初中的伙伴。而大学往往与家乡在不同的城市，可能离家很远，大部分同学不是乘火车就是坐飞机从全国各地聚在一起。甚至在同一所大学同一届同学当中，没有来自同一个县城的，我们能结识到五湖四海的新朋友。另外，大学学习的课程比高中多很多，课程难度也更大。"

顾老师赞许地点了点头说："是的。大学的学习和考核方式与高中也不同。高中的学习目标就是备战高考，老师以讲授为主，知识点比较零散，学习成绩看分数高低，是以知识为中心的学习。大学考核方式不同，有大家比较熟悉的试卷，还有写论文，或者提交实践报告、小组报告等，同时，大学课程的总成绩一般为平时成绩与期末成绩按照一定比例加和，不仅仅看重结果，还注重过程评价。"顾老师补充道："所以，**大学的学习方式要求你系统思考、调研分析、动手操作，并学会自主学习，是以自我为中心的学习。**"

"大学课程除了大学英语、大学物理等公共课之外，专业不同课程设置大不

大学生涯闯关记

同。比如，会计学专业要学习财务管理、审计学与管理决策等课程，通信工程专业要学习电路、通信原理等课程，而交通运输类专业又细分为铁道运输、城市轨道交通、智能运输工程等专业，其中，智能运输工程专业要学习信号与系统等核心课程。希望同学们带着兴趣走进专业知识的海洋。"

"还有没有其他同学想发言？"顾老师把鼓励的目光投向同学们，小六月鼓足勇气举起了手。"听说大学里除了学习，还有很多丰富的课余活动，包括学生会、各种社团、各类比赛等，听说还能参加实习。"

"小六月同学的发言很棒，大学是一个更广阔的舞台，除了学习科研外，还有丰富的社团活动、学生工作、志愿实践等，你能在这里发展自己的兴趣爱好，探索适合自己的发展路径和更广阔的发展空间。同时，大学的目标是多元化的，大学毕业可以直接就业，也可以继续求学。选择的多样化会让你应接不暇，甚至措手不及。所以，同学们要提前做好大学规划，后续我们还会有生涯规划的课程，教会同学们创造自己独一无二有意义的大学生涯。"

顾老师最后补充道："人生像是一条线，而大学是其中重要的线段，是你人生知识的加油站，更是你成长崛起的转折点。能够真正评估你大学四年经历价值的，是你的未来；而决定你未来的，又是你正在经历的大学生活，所以'珍惜当下，把握今天'，认认真真过好每一天，走好每一点，画好每一段。大一就是这条线段的起点，大二、大三厚积薄发，到了大四就可以展望你精彩的未来。最后，期待你们开启精彩充实的大学生活，在大学里成长为更好的自己！"

1.1.2 巧用九宫格管理大学生活

度过了初入大学的迷茫期，小六月逐渐开始融入新的生活，但这个过程并不轻松，刚刚开始就遇到了难题。

小六月心想：以前老师和家人都告诉我说上了大学就轻松了，但这一个月下来，我发现实际情况并非如此。高中时，目标坚定，每天都在为了考上心仪的大学而努力奋斗。而到了大学，选择太多反而让迷茫成为自己生活的主旋律。整天在忙碌，却没有什么确定的目标，时间悄无声息地溜走了。

高中时在固定的教室里与同班同学朝夕相处，打成一片。而到了大学，每节

第1章 拥抱转换：来到传说中的美丽新世界

课坐在身边的同学都不相同，最后熟悉的只有室友，而自己又有些内向，没办法总是与周围人主动热情地交流，有很多心里话不知道和谁诉说。

高中觉得自己挺优秀的，但是来到大学之后发现自己很普通，身边优秀的人太多太多了。另外，现在和老师见面的次数不多，不像高中老师那样每天都能跟在身边唠叨几句，总感觉自己有点无依无靠。

回到宿舍，萌萌在和好朋友们开黑打游戏，激战正酣，小白在边吃零食边追剧。没过多久，七七背着书包从外边风尘仆仆地结束自习回来。小六月回想着自己手忙脚乱的日子：拿着安排得满满当当的计划表去教室，刚打开书本没多久，微信通知就开始响个不停，好不容易处理完了，再一看计划表，一个也没有完成；还有几次，本来是想打开手机去查找相关资料，结果不知怎么就沉浸在了手机的世界里，再一抬头天都黑了……

随着大学生活的推进，小六月从开学时的兴奋状态逐渐平复下来，更多的挑战与难题逐渐袭来。大学生活确实丰富，但是很多时候往往顾此失彼……

这段时间过得真是太混沌了，简直欲哭无泪。小六月有太多问题需要得到解答了，她带着疑问找到顾老师。

小六月："顾老师，大学生活我该怎么度过啊，我现在每天忙得晕头转向，但回想起来其实什么也没干，这种日子真不知道什么时候是个头。也不知道我现在每天的目标是什么，再这么下去我越来越'佛系'，就只想躺平了。"

> 大学生涯闯关记

顾老师："别着急，现阶段的你们出现这种状况很正常，大学生活需要一个适应的过程。小六月，在你看来，大学生活的重心在哪里呢？"

小六月："学习是学生的本职任务，大学生应以学业为重。"

顾老师："还有吗？假如说，上大学是人生中最重要的一次采购，那么，你花了钱、投入了时间，你都想买到什么东西呢？"

小六月："我觉得大学四年，无论有什么计划，都得先把学业搞好，拿到毕业证、学位证。再买到什么东西呢？应该联系个人的职业选择或毕业去向来定吧！"

顾老师："嗯嗯，非常棒，学业发展与职业发展是大学生成长的两大核心主题。学业发展指学习成绩的进步、专业知识的积累以及学历层次的提升。职业发展指职业目标的探索、路径的建立、资源的整合以及成就的获得。所以，我们可以围绕学业发展和职业发展两大主题来制定自己的大学目标。"

顾老师："学业发展方面，高中的学习有非常明确的指挥棒，而大学则需要自己去寻找努力的方向，更深层地去澄清学习的意义，从被动学习转化为主动学习。根据自己当前的实际情况制定学业进度目标，比如本学期学习成绩提升的绩点，考过英语四级，等等。"

"大学是我们走向社会的过渡平台，社会对我们的要求更加复杂，例如，职业能力、人际交往能力等，所以我们还要同时在职业发展方面做好目标规划。首先，要明确自己未来想过什么样的生活，想从事什么样的职业，这些职业需要什么样的能力素质。然后，在大学里提升相应素质能力。"顾老师一边说一边拿出两份求职简历（如图 1-1 所示）。

"小六月，你可以看看这两份真实的求职简历，它可谓是大学生活的缩影。从这两份求职简历中你会发现，大学生活不仅仅有专业学习，还有科研竞赛、学生社团、志愿服务、实习实践等丰富的课外活动，有选择性地参加这些课外活动，能针对性地提升综合素质和能力，并在这些课外活动中找到心中所好，对自己的兴趣点、优势特长有更清晰的认知。"

"推荐你使用大学生涯九宫格对自己的大学生活进行规划和管理，在每一个格子中写上目标，对每个目标进行年度规划、学期规划或者三个月、一个月的阶段性规划，每个阶段结束时进行复盘调整。"顾老师边说边展示了一张表格（见表 1-1）。

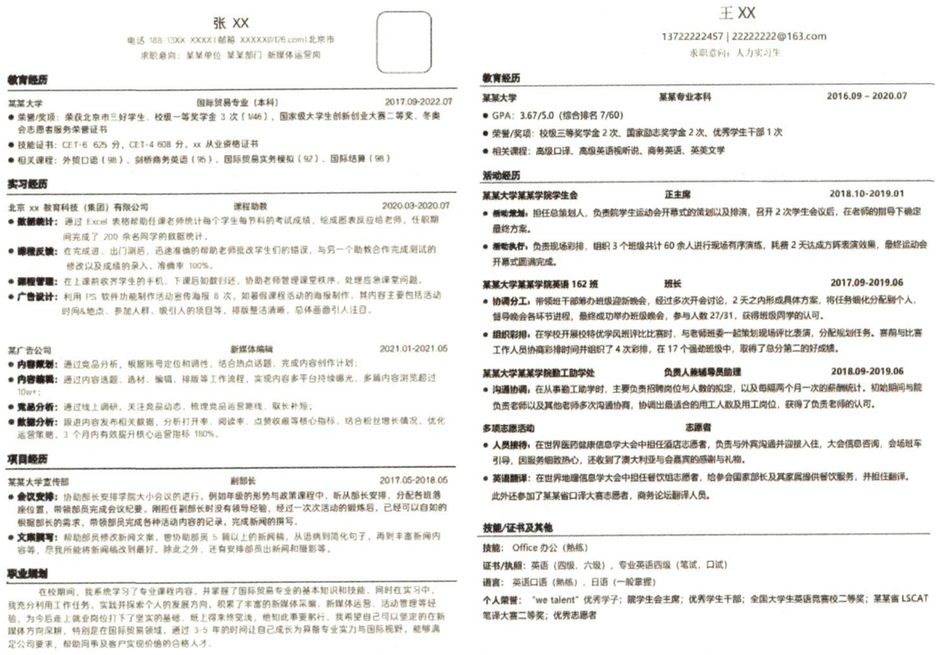

张 XX

电话 188-13XX-XXXX | 邮箱 XXXXX@126.com | 北京市

求职意向：某某单位-某某部门-新媒体运营岗

教育经历

某某大学　　国际贸易专业（本科）　　2017.09-2022.07

- 荣誉/奖项：荣获北京市三好学生、校级一等奖学金 3 次（1/46），国家级大学生创新创业大赛二等奖、冬奥会志愿者服务荣誉证书
- 技能证书：CET-6 625 分，CET-4 608 分，xx 从业资格证书
- 相关课程：外贸口语（98）、剑桥商务英语（95）、国际贸易实务模拟（92）、国际结算（98）

实习经历

北京 xx 教育科技（集团）有限公司　　课程助教　　2020.03-2020.07

- **数据统计：** 通过 Excel 表格帮助任课老师统计每个学生每节科的考试成绩，绘成图表反应给老师，任职期间完成了 200 余名同学的数据统计。
- **课程反馈：** 在完成进、出门测后，迅速准确的帮助老师批改学生们的错误，与另一个助教合作完成测试的修改以及成绩的录入，准确率 100%。
- **课程管理：** 在上课前收齐学生的手机，下课后如数归还，协助老师管理课堂秩序，处理应急课堂问题。
- **广告设计：** 利用 PS 软件功能制作活动宣传海报 8 次，如暑假课程活动的海报制作，其内容主要包括活动时间&地点、参加人群、吸引人的项目等，排版整洁清晰，总体画面引人注目。

某广告公司　　新媒体编辑　　2021.01-2021.05

- **内容策划：** 通过竞品分析，根据账号定位和调性，结合热点话题，完成内容创作计划；
- **内容编辑：** 通过内容选题、选材、编辑、排版等工作流程，实现内容多平台持续曝光，多篇内容浏览超过 10w+；
- **竞品分析：** 通过线上调研，关注竞品动态，梳理竞品运营路线，取长补短；
- **数据分析：** 跟进内容发布相关数据，分析打开率、阅读率、点赞收藏等核心指标，结合粉丝增长情况，优化运营策略，3 个月内有效提升核心运营指标 180%。

项目经历

某某大学宣传部　　副部长　　2017.05-2018.05

- **会议安排：** 协助部长安排学院大小会议的进行，例如年级的形势与政策课程中，听从部长安排，分配各班落座位置，带领部员完成会议纪要。刚担任副部长时没有领导经验，经过一次次活动的锻炼后，已经可以自如的根据部长的需求，带领部员完成各种活动内容的记录，完成新闻的撰写。
- **文案撰写：** 帮助部员修改新闻文案，曾协助部员 5 篇以上的新闻稿，从语病到简化句子，再到丰富新闻内容等，尽我所能将新闻稿改到最好。除此之外，还有安排部员出新闻和摄影等。

职业规划

在校期间，我系统学习了专业课程内容，并掌握了国际贸易专业的基本知识和技能，同时在实习中，我充分利用工作任务，实践并探索个人的发展方向，积累了丰富的新媒体采编、新媒体运营、活动管理等经验，为今后走上就业岗位打下了坚实的基础。纸上得来终觉浅，绝知此事要躬行。我希望自己可以坚定的在新媒体方向深耕，特别是在国际贸易领域，通过 3-5 年的时间让自己成长为具备专业实力与国际视野，能够满足公司要求，帮助同事及客户实现价值的合格人才。

王 XX

13722222457 | 22222222@163.com

求职意向：人力实习生

教育经历

某某大学　　某某专业本科　　2016.09 – 2020.07

- GPA：3.67/5.0（综合排名 7/60）
- 荣誉/奖项：校级三等奖学金 2 次、国家励志奖学金 2 次、优秀学生干部 1 次
- 相关课程：高级口译、高级英语视听说、商务英语、英美文学

活动经历

某某大学某某学院学生会　　正主席　　2018.10-2019.01

- **活动策划：** 担任总策划人，负责院学生运动会开幕式的策划以及排演，召开 2 次学生会议后，在老师的指导下确定最终方案。
- **活动执行：** 负责现场彩排，组织 3 个班级共计 60 余人进行现场有序演练，耗费 2 天达成方阵表演效果，最终运动会开幕式圆满完成。

某某大学某某学院英语 162 班　　班长　　2017.09-2019.06

- **协调分工：** 带领班干部筹办班级迎新晚会，经过多次开会讨论，2 天之内形成具体方案，将任务细化分配到个人，督导晚会各环节进程，最终成功举办班级晚会，参与人数 27/31，获得班级同学的认可。
- **组织彩排：** 在学校开展校特优学风班评比比赛时，与老师班委一起策划现场评比表演，分配规划任务。赛前与比赛工作人员协商彩排时间并组织了 4 次彩排，在 17 个强劲班级中，取得了总分第二的好成绩。

某某大学某某学院勤工助学处　　负责人兼辅导员助理　　2018.09-2019.06

- **沟通协调：** 在从事勤工助学时，主要负责招聘岗位与人数的拟定，以及每隔两个月一次的薪酬统计。初始期间与院负责老师以及其他老师多次沟通协商，协调出最适合的用工人数及用工岗位，获得了负责老师的认可。

多项志愿活动　　志愿者

- **人员接待：** 在世界医药健康信息学大会中担任酒店志愿者，负责与外宾沟通并迎接入住，大会信息咨询，会场班车引导，因服务细致热心，还收到了澳大利亚与会嘉宾的感谢与礼物。
- **英语翻译：** 在世界地理信息学大会中担任餐饮组志愿者，给参会国家部长及其家属提供餐饮服务，并担任翻译。此外还参加了某某省口译大赛志愿者，商务论坛翻译人员。

技能/证书及其他

技能： Office 办公（熟练）

证书/执照： 英语（四级、六级），专业英语四级（笔试，口试）

语言： 英语口语（熟练），日语（一般掌握）

个人荣誉： “we talent”优秀学子；院学生会主席；优秀学生干部；全国大学生英语竞赛校二等奖；某某省 LSCAT 笔译大赛二等奖；优秀志愿者

图 1-1　求职简历样例

表 1-1　大学生涯九宫格

专业学习	职业发展	人际交往
个人情感	身心健康	休闲娱乐
财务管理	自我成长	服务社会

“专业学习方面，可以把个人阶段学习计划填上，例如，准备如何在专业学习上精进？是否要修读第二学位？

职业发展方面，先明确未来的职业目标需要积累哪些能力，然后填写职业能力提升计划，以及是否需要多参加实习实践？

人际交往方面，准备做出哪些改变来拓展自己的社交圈？

个人情感方面，准备如何维持与家人、朋友等的亲密关系？

身心健康方面，怎样才能坚持运动？如何保持心情愉悦？

休闲娱乐方面，准备怎么利用自己的空闲时间？如何发展兴趣爱好？

财务管理方面，第一次对生活费有绝对的支配权，你会对自己的生活费如何管理？有没有理财计划？如果在这方面没有思考和管理，很有可能过上半月皇帝下半月乞丐的日子。

自我成长方面，除了专业学习和职业发展外，还想在哪些方面有所体验和突破？比如，研读自己感兴趣的书籍？自主创业？等等。

服务社会方面，准备参加哪些志愿服务？如何理解大学生的社会责任感？

使用大学生涯九宫格设定目标后，阶段性给自己评分，例如，我们设定了学期计划，到学期末对每个格子的目标完成情况进行打分，100 分为满分，60 分为及格，根据打分情况检查自己在哪些方面存在不足，还需要继续提高，哪些方面做得很好，需要继续保持。对分数较低的格子下学期重点提升，而有些设定的目标和任务不符合实际或不适合自己的，做出调整，重新规划新的学期目标和任务。借助大学生涯九宫格，我们可以从整体上进行生涯评估，对照发现不足，制订动态计划促进自己综合发展。"

小六月高兴地说道："嗯嗯，我明白了，我回去后马上使用这个大学生涯九宫格制定自己本学期的目标！"

小六月的大学第一学期大学生涯九宫格见表1-2。

表1-2　小六月的大学第一学期大学生涯九宫格

专业学习 专业课程期末成绩获得 A	职业发展 查找、了解 10 个和专业相关的职业	人际交往 加入一个大学社团
个人情感 和朋友、家人出去旅行一次	身心健康 每周进行两次体育锻炼	休闲娱乐 打卡至少 3 个北京城中的著名景点
财务管理 养成记账习惯	自我成长 每周阅读一本书籍	服务社会 参与 3 次志愿服务活动

1.1.3 绘制大学生涯纵贯线

为了帮助新生更快、更好地适应大学生活,就业与创业指导中心举办了第一期"学长学姐来了"茶话会,会上不同年级的学长学姐与小六月这些新同学进行了充分交流,以下是小六月做的笔记摘要。

大学不同年级有不同的发展重点,遵循个人成长规律和不同阶段的发展特点,把握关键点做好个人规划,再根据自身不同就业方向的选择细化规划内容和重点(如图1-2所示)。

大一阶段关键词是适应转变。首先,学业是最重要的。大学有新的学习要求和新的学习模式,要学会合理规划时间,熟练利用图书馆和网络收集资料信息,掌握科学的学习方法,培养自主学习能力,学会独立思考问题、分析问题和解决问题。生活环境方面,要尽快适应集体生活,学会独立处理生活中遇到的问题。其次,大学同学来自五湖四海,兴趣爱好和生活习惯可能存在很大差异,互相理解、关心和包容也是大学的必修科目。最后,可以根据自己的爱好、时间和精力适当参加社会实践活动,提升综合素质,让大学生活充实精彩。

大二阶段关键词是拓展规划。通过大一年级的尝试与体验,你对自己和周围环境有了初步了解,这时更要有针对性地做出规划,向内更深入了解自己,可以通过测评、他人评价、课程学习、各类实践审视自己,了解个人的兴趣、能力、价值观、擅长领域和不擅长领域。通过科研、实习实践、竞赛等了解学科发展、专业前景、行业前沿和外部环境。自我探索与环境认知是相互作用的,所以要进行动态认知。

大三阶段关键词是决策行动。通过前两年的探索和实践,你已经对外界和自身有了深度认知,大三阶段要做好不同就业方向的选择和决策,通过准确的衡量和评估,找到适合自己的就业方向。同时,针对决策后的目标进行剩余大学生涯的行动规划,把握不同就业方向的重点,开展积极行动。

大四阶段关键词是复盘调整。这时未来选择方向已基本确定,开始进入冲刺期,要做的就是全力以赴。当原定方向和路径出现阻碍或不顺利时,我们除了努力克服困难解决问题，更要复盘调整，复盘能让我们快速成长。此外，鸡蛋不要只放到一个篮子里，无论选择何种就业方向，都要做足充分准备，提前做好备选方案。同时做好时间管理，平衡毕业和就业相关事项。

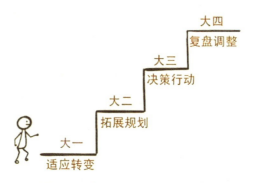

图1-2　大学四年学习生活重点

大学生的主要任务仍然是学习，大学的学业规划，像是一个不断攀爬"金字塔"的过程，不同年级都有阶段性的目标与任务，同学们要在不同阶段，针对不同毕业去向，结合个人学业能力及职业生涯发展阶段的特征，进行针对性的规划，才能为未来发展打好基础。大学毕业后，归类总结主要有四种去向：升学、就业、留学、自主创业。不同的毕业去向，在大学期间需要掌握的知识、提升的能力素养各有侧重。

升学。如果不是盲目跟风，而是发现自己未来的人生规划是必须升学，建议同学们在一开始就学好专业课，熟悉专业培养计划，了解学校的保研考研规则，不要出现挂科现象；深入了解专业知识，除上课认真听讲，记录笔记，多向教师请教之外，还需要多多参与科研和竞赛，更要多与学长学姐交流，获取相关经验，少走弯路，尽量争取学术保研。学术保研不成功时，可考虑工作保研等其他升学形式。升学考试科目的学习有一定的规律可循，要掌握科学的学习方法，如制订严格的学习计划、正确选择参考资料、合理利用时间、适时进行总结、广开学习渠道等。毕业阶段要认真思考和权衡，了解报考院校历年的招生简章、专业目录、命题方向、导师介绍等相关信息，根据自己的具体情况，选择合适的院校、专业、导师。

就业。以就业为目标的学业和职业规划，提升综合素质是关键。大学期间，要积极参加集体活动，逐步积累自己的资源。不仅要学好学科知识，还要正确评估自己的核心竞争力。虚心请教学长学姐、老师、家长和朋友，根据个人意愿确定主攻方向，合理构建自己的知识体系。同时及早确立职业方向，对标提升职业核心素养，简单来说就是以终为始，根据未来方向，看当下需要做的准备。大二和大三阶段重点提升求职技能，参与企业实习，增强兼职、实习与意向职业的针对性，积累对应聘有利的实践经验。扩大校内外交际圈，加强与校友、职场人士的交往，提前参加校园招聘会，了解用人单位需求。提前准备好简历，了解面试技巧和职场礼仪。此外，充分掌握求职信息，留意学校就业资讯和其他重要的招聘渠道。尝试利用积累的资源做好求职内推，最后成功实现自己的目标。

留学。选择留学的同学，在低年级时要多收集资料，充分了解信息，这些信息包括留学目的地的国情、教育和生活等实际情况，充分了解专业的设置、学习要求和特点，充分估计选择留学后的各种投入和未来就业前景等，还包括学长学姐的去向情况、学校和学院的"2+2"留学项目等。另外，也要努力学习，保证成绩优良才能申请到更好的学校，最好能有在大平台或者知名企业的实习经历，这会成为留学申请院校的加分项。如果是理工科专业，建议多参加科研竞赛，发表相关学术论文。此外，要及早参加语言考试。申请英美的学校，需要提供托福或雅思成绩，注意语言成绩的有效期。大四年级时准备申请材料，完善个人简历、申请信、导师推荐信等。

创业。不是所有人都适合创业，选择创业的同学要先判别自身是否具备创业的素质和能力。明确创业意愿后，要积极学习创业知识，明晰创业政策。例如，参加创业指导课程，与有经验的老师、亲戚、朋友和企业相关人士交流。此外，一定要积极参加社会实践，利用空闲时间进行尝试性的活动，加强对创业市场的认识，拓宽视野。例如，国家和学校会定期举办针对大学生的创业比赛，针对大学生创业有相应的扶持政策，同学们可根据自身情况选择性参加。此外，学校曾孵化出一些比较成功的创业项目和优秀的创业团队，同学们可以多向这些学长学姐学习取经，同时积累自己的创业资源。

> 大学生涯闯关记

1.2 如何更好地度过大学生活

1.2.1 新时代大学生的学习之道

初入大学的这段时间，与老师、同学朝夕相处的过程中，小六月被周围人身上体现出的优秀品质深深地吸引：自己的学业导师是名校毕业的博士；曾经听过的讲座的主讲教授均在各自的科研领域成绩斐然；任课老师知识渊博，教学风格独具特点；同一个学院好几位同学都以极其优异的高考成绩考入本专业，还有一位同学在高中就得过世界级竞赛的大奖；有的学姐长年都保持图书馆的高出勤率最终收获了丰富的知识和优异的成绩。

大一第一学期已过半，小六月坐在电脑前打开教务系统看到期中考试成绩，心里有些失落，自己明明已经很认真地学习了，但成绩还是不那么理想，学习过

程也感觉磕磕绊绊，而且周围的老师和同学又那么优秀，虽然跟这些老师和同学在一起生活、学习，能长见识，学到很多东西，但是在比较之下也倍感压力。听说大二、大三的课程大部分都是专业课程，课程难度会明显提升，我如何才能保证自己的学业成绩稳步提升呢？

小六月带着困惑找到了自己的学业导师——董老师。

"董老师，我现在对自己的学习成绩不是很满意，但又不知道如何提升？您有好的建议吗？"

董老师："小六月，在回答你这个问题前，咱们先聊聊你这半个学期对大学学习的看法，你觉得大学的学习和高中有什么不同？"

"高中时，每天老师会按照教学计划布置好一切，学习过程中事无巨细，自己只需要跟着老师的步伐脚踏实地去学习就行。而到了大学，老师不再天天去督促我们学习，预习、作业也全凭自觉，看似自由了，实则一不小心就会懈怠了。另外，大学老师会布置一些团队合作的作业，还会指定问题让我们开展研究、撰写报告，这些在高中都是没有过的。"

董老师点点头："结合你刚刚提到的大学和高中学习方式的不同，现在你觉得大学成绩好真的代表学习好吗？"

小六月思考道："在一定程度上学习成绩可以体现学习结果，但不能完全代表知识真的掌握牢固，毕竟很多时候考完试知识就还给老师啦！而且顾老师之前也告诉过我，大学中还要提升未来职业发展所需要的素质和能力，这些素质和能力的积累程度虽然也能从学习成绩中体现，但无法完全体现。"

董老师："嗯嗯，进入大学后，树立学习目标、制订学习计划、执行学习任务全部要靠自觉，所以'学什么'一定程度上是我们自己说了算。大学的学习除了传统课堂，除了'老师说—学生听'的单向学习方式，更多时候是选取某个问题作为突破点进行探究，培养我们自主发现问题、解决问题的能力。在这个知识可以信手拈来的时代，大学的学习更注重知识的迁移、运用以及知识图谱的自主建构，学习不再是学到知识这一结果，而是学习知识的过程，也就是学会'如何学习'。"

小六月："那我怎样才能真正学会'如何学习'？"

大学生涯闯关记

　　董老师："对于在大学里应该'如何学习'的方法论，我这里有三点建议。**一是在问题求解中学**。刚刚我们提到了大学学习更多是探究性学习，大学教育的边界已经突破校园，延伸到了社会，你们将来要从事与社会发展新动态新需求相匹配的创造性工作，就要从大学开始立足于真实场域'解决真问题'。**二是在沟通交流中学**。人就是在沟通、协商、合作的社会交往中不断成长的。你们可以登上演讲的舞台，自信地表达思想，锻炼表达能力；可以在论文写作、创业项目书的字斟句酌中构建理性思维；可以在才艺秀中尽情展现个人特长；可以三五成群地在教室里来场头脑风暴……你会发现，对话、展示、碰撞的学习体验带来的是思想与认知的升华。**三是在学科交叉中学**。当前，科技的创新、突破与发展越来越依赖于多学科的交叉、融合，在国家重大战略需求的驱动下，多学科交叉汇聚与多技术跨界融合将成为常态。我校是以信息、管理等学科为优势，交通科学与技术为特色，工、管、经、理、文、法、哲等多学科协调发展的学科培养体系。所以,我们的大学学习在扎实专业基础的同时还要打破专业界限，走向'大综合'，这不仅让我们在多元化学科背景和思维方式中拓宽视野和思路，更能促进我们产生超出传统学科框架的思想和非常规解决问题的方法，在跨学科学习中锻造人无我有的核心竞争力。"

　　小六月："哇，听您讲完我终于明白大学学习的方法了，也就是说，**大学学习就是要学会运用灵活变通、触类旁通、融会贯通的方法、思维和能力，修炼个人能力和综合素养**。"

　　董老师补充道："是的，大学是一个广阔的平台，要在这个平台上学会如何设计并主宰自己的人生，充分运用这个平台的资源提升职业竞争力和职业发展力，成长成才！"

1.2.2　用车日路模型做生涯初规划

　　小六月上完课回到宿舍恰好听到舍友们正在讨论各自今后有些什么打算。

　　小白说："我打算大二的时候多修些学分，这样大三就可以有充足时间开始准备考研，能够继续深造是我的愿望。"

　　七七说："父母一直催着我大学毕业之后赶紧找个好工作，然后成家立业，

第1章　拥抱转换：来到传说中的美丽新世界

尽早把生活稳定下来，他们也不用那么为我操心了。"

萌萌说："我啊，估计之后会通过学校的一些合作项目出国留学吧，我的表姐现在也正在国外读书呢。"小六月听完大家的讨论之后在一旁有些沉默，一个人安静地坐着不知在想些什么……小白注意到了。

小白："小六月，你在想什么呢？怎么好像一直在发呆？"

小六月："看到你们对自己的未来都有了打算，而我怎么对自己的生活却毫无规划呢，小白你想要继续深造，所以选择考研，七七想要尽快稳定下来所以选择毕业后直接工作，萌萌也决定出国留学，去更大的世界看一看。但我真的不知道该怎么选择和规划。"

小六月带着困惑又找到了顾老师，"关于生涯规划这件事，小六月你先别着急，规划不是一蹴而就的事，要进行规划，首先要明确自己想要什么、擅长做什么、适合做什么，对自己进行深度认知，然后充分了解外界信息，比如想从事的职业门槛是什么，是否需要研究生学历等信息，从目标倒推到现在的行动。"

"生涯规划是一门系统的学问，咱们马上就要开始这门课程的学习了，相信学习之后你会做出适合自己的规划。当然，在学习这门课程之前，你可以用简单的'车日路模型'来初步规划自己的大学生涯。"

小六月兴奋地问："车日路模型"？

顾老师："咱们一起来看这张图。"顾老师在白纸上画出了"车日路模型"图

（如图1-3所示）。"想象一辆车正行驶在路上，太阳在远处升起。你就是这辆车，而太阳就是你的目标，行驶的路就是你要到达目标所走的路线。思考一下，你是一辆什么车？多大马力？油耗是多少？怎么加油的？最终的目的地是哪里？每个阶段的目的地是哪里？到达目的地要走哪条路？等等。"

"然后将个人的能力和动力关键词标注到车身旁边，将3年目标和5年目标写到终点的位置，并将3年目标拆解成阶段目标，每个阶段目标的旁边详细规划出实现路径和方法。"

"生涯规划的核心问题：你是谁，你想去哪，怎么去？'车日路模型'是生涯发展的最基本模型，涵盖自我、目标和路径三个要素。"

图1-3 "车日路模型"图

小六月："哦哦，生涯规划也不难嘛，但是我还有些担心，如果我现在初步确定了未来要读研的目标，但过段时间这个目标变化了，那之前所有的规划和努力岂不是做了无用功？"

顾老师："这种情况就是咱们常说的计划赶不上变化，但规划和计划虽然意义相近，却也有区别，规划并不完全等同于计划，规划更具有宏观性、全局性和指引性，计划是规划的具体落实方式和步骤，所以在大方向、大目标不变的情况下，具体计划有所调整和变动是非常普遍且正常的。"

"另外,人生是不断探索成长的过程,规划也是个长期的过程。真正的规划不是一开始就有固定方向和目标的,而是随着自身思维、想法、观念成长而确立的,并在不断与外界的互动中更新思维观念,对自己的发展进行回顾审视从而调整规划。我们人生的每一段经历,每一次的探索尝试,都是宝贵的财富,都是在为机会做准备,哪怕当下看起来像是走了弯路。比如,鲁迅先生在真正成为自由作家之前有过长时间的公务员经历和教学经历,这些经历都帮助他慢慢积累了从事文字创作的能力,积累了写作的知识、思想和名声。再比如,咱们很多同学刚刚开始是朝着读研目标努力的,在大学期间不断提升自己的科研能力,参加了很多科研竞赛、发表了多篇论文,即使最后因为各种原因直接就业没有读研,这些经历都锻炼了自身的书面表达能力、团队合作能力、科研能力等,还能为自己的求职简历增色不少。"

"所以,**规划的核心目的不是让我们按部就班地执行,而是让我们拥有更多应对挑战的筹码,在不确定的时代下把握住确定的事情**。"顾老师最后总结道。

"明白啦,太感谢顾老师了,一下子茅塞顿开了!"小六月频频点头,"那我先尝试着应用这个模型做一下自己的大学规划,后续认真学习生涯规划课程。"

小六月用"车日路模型"做出的生涯初规划为:

四年目标:成为一名研究生

目标一:专业课成绩拿A

路径:上课记笔记,下课认真完成作业

目标二:提升自己的专业能力

路径:参与科研项目和竞赛项目

目标三:提升综合素质能力

路径:积极参加学生工作以及志愿活动

目标四:保持身体健康

路径:早睡早起,体育锻炼

> 大学生涯闯关记

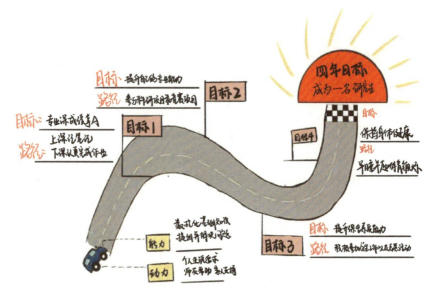

图1-4 小六月的"车日路模型"生涯初规划

顾老师："学校除了开设生涯规划课程,还有很多职业发展指导的宝藏活动,这些活动有趣有料,既学习了生涯规划的专业知识也可以认识很多志同道合的小伙伴,推荐你多多参加哦!"

1.2.3 先测试后填涂成长飞轮

今天是第一堂生涯规划课。

顾老师兴冲冲地拿来一叠纸,并抽出其中一张展示:"凡事预则立,不预则废。智者顺时而谋,愚者逆时而动。看到老师拿的这个图了吗?你也能有自己的一个'成长飞轮'(如图1-5所示)。"

"严格意义上来说,这并不是一种测试,而是一个有效的优秀大学生自我评估。因为,老师并不会强制要求你公开结果,也不会进行单一正面或负面的点评,分数的高与低也并不代表好与坏。你就把'成长飞轮'当作一个自己来到大学后开始快速成长的好机会即可。"

"成长飞轮"的八个辐辘：适应、职业、自我、目标、计划、实践、职场、卓越。

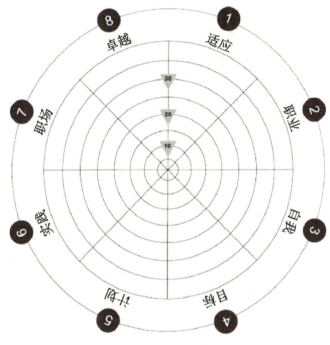

图1-5 "成长飞轮"样例

题目：共计64道，分为四个表格。

5分：这句话完全或几乎完全符合我的情况。

4分：这句话基本符合我的情况。

3分：这句话有一半符合我的情况。

2分：这句话基本不符合我的情况。

1分：这句话完全不或几乎完全不符合我的情况。

打分建议：一是态度要诚实，心情要放松；二是掌握好时间，10分钟内完成。

操作步骤：

（1）首先，阅读表1-3~表1-6中的每一个句子，并依据与自身情况符合与否打分。

（2）然后，把各项分数相加，得到该项的得分。

（3）最后，根据相应的 8 个分值，在后面的"成长飞轮"上进行填涂。

填涂说明：用每项 8 道题的得分填涂，所画阴影部分离边缘越近，表示某项技艺的评估越高。

表1-3 "成长飞轮"的一号辐辘和二号辐辘

序号	关于拥抱转换的描述	分数	序号	关于探索职业的描述	分数
1	我喜欢大学的未知带给我的惊喜		1	我认为一个人只有干对社会有益的事才会找到自我价值	
2	我时常提醒自己上大学的目的		2	我知道择业需要过硬的专业和技能	
3	我经常展望毕业后的各种可能性		3	我认同选择职业之后即使不喜欢也会尽最大能力做好	
4	我愿意多多参与综合素质类活动		4	我可以通过访谈和实习了解到职业的真实情况	
5	我会尝试结交更多的朋友		5	我认为专业与职业有密不可分的关系和连接	
6	我适应视频、直播教学和线上考试		6	我了解到有些职业被机器或人工智能替代的可能性很大	
7	我会对自己大学四年的生活负责		7	我会借助专业工具来帮助自己找到适合的工作岗位	
8	我愿意接受挑战，即使不确定自己是否能够胜任		8	我认为未来会出现更多的新职业	
总分			总分		

表1-4 "成长飞轮"的三号辐辘和四号辐辘

序号	关于发掘自我的描述	分数	序号	关于建立目标的描述	分数
1	我找到了自己的优势		1	我认为志不立，天下无可成之事	
2	我能够接受自己的缺点并尝试改正		2	我觉得学习是一辈子的事儿	
3	我了解自己的兴趣、能力和需要		3	我觉得无目标地努力，犹如在黑暗中远征	
4	我知道什么人、什么事可以令自己心情愉快或者造成困扰		4	我觉得美好生活需要如罗盘一样的目标	

续表

序号	关于发掘自我的描述	分数	序号	关于建立目标的描述	分数
5	我找到了适合自己的学习模式		5	我认同学业和职业都需要规划早期、中期、后期各个阶段的目标	
6	我通过与他人的沟通而更了解自己		6	我认为目标应该细化、可以调整	
7	我注意饮食并坚持锻炼身体		7	我认为目标对自己的激励作用大于压力	
8	我认为自我是会不断变化的		8	我知道目标制定的科学方法	
总分			总分		

表1-5 "成长飞轮"的五号轱辘和六号轱辘

序号	关于行动计划的描述	分数	序号	关于实践技能的描述	分数
1	我认为计划是一种预测性决策,是取得成绩、成果的关键和起始		1	我认为理论来自实践,实践促进理论发展	
2	我认为提前计划可以消除不必要的冲突、浪费或多余事项		2	我认为大学生要告别拖延症,成为实践行动的巨人	
3	我认为凡事迈出第一步很重要		3	我的实践技能是通过实干积累的	
4	我认为干成事需要掌控好计划进度		4	我特别注重回顾、总结和改进	
5	我认为除搞好学业之外,还需要计划职业或毕业后的去向		5	我知道实践技能是可以通过专业训练迅速提升的	
6	我懂得计划的实施需要考虑人力、物力、财力和资源整合的程度		6	我实习实践学到的技术和能力有些是在书本里学不到的	
7	我认同计划赶不上变化,计划可以动态调整		7	我懂得时间管理、及时止损和系统思考	
8	我学到制订好计划之后,需要落地执行、检查效果、行动和改进		8	我赞同实干出真知,实干出实绩	
总分			总分		

大学生涯闯关记

表1-6 "成长飞轮"的七号轱辘和八号轱辘

序号	关于智慧职场的描述	分数	序号	关于追求卓越的描述	分数
1	我了解组织需要什么样的人才		1	我对成就卓越、人生幸福有自己的定义	
2	我能够给本行业的优秀人才画像		2	我知道有时候适度地隐忍和退让是为了前进	
3	我有一本智慧职场生存的手册		3	我知道如何经营自己的个人品牌	
4	我准备了三份简历并适时更新		4	我通过广泛阅读书籍来经历不同的职场生活	
5	我学习过面试技巧和沟通话术		5	我认同幸福源自家庭和工作的平衡	
6	我掌握了实用的职场晋级技能		6	我不后悔以往每一步的选择	
7	我能够接受初入职场时干一段时间的跑腿打杂事务		7	我能保持不断学习持续挖掘自身的潜能	
8	我可以总结出智慧职场如鱼得水的十大技能		8	我坚信命运掌握在自己手中,烧不死的鸟就是凤凰	
总分			总分		

小六月举手示意:"我想分享一下我的'成长飞轮'。"

小六月的"成长飞轮"填涂得很有特色,就像是加满了各种颜料的调色盘。她用绿色标注自己总分较高的项目(适应=35分,卓越=30分),用黄色提醒自己要继续提升的技艺(计划=25分,实践=22分),用红色警示自己尚须改进的地方(自我=20分,职业=17分,职场=12分),用黑色标注其他项目(目标=28分)(如图1-6所示)。

完成自己的"成长飞轮"后,小六月已经下定决心,今后必须利用各种工具与方法提升自己的各项技艺,并给予更多的时间提前制订学习计划。

最后,顾老师给了同学们很重要的提醒:"当你们大四毕业前夕,可以再次测试并填涂自己的'成长飞轮'。然后,与今天的'成长飞轮'对比一下,你肯定会惊喜地发现自己的成长,你的'成长飞轮'转动得更快了!"

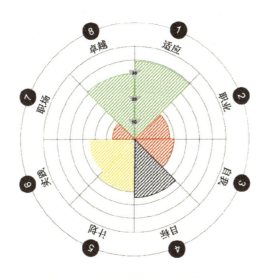

图 1-6 小六月的"成长飞轮"

1.3 适应转变的高效方法

1.3.1 转变思维与他人相处得更好

小六月逐渐熟悉了大学的生活模式,但初入大学,不免要接触生活习惯各不相同的同学,学习如何建立新的人际关系、如何处理人际关系、如何解决矛盾、如何通过交流充分利用身边的资源,适应与同学、老师、父母相处方式的变化也是大学里重要的必修课。

小六月习惯早睡早起,每天 22:30 就洗漱准备休息,就算第二天没有早课也会 6:30 就起床学习。但萌萌总是很晚才休息,没有课的时候更是会睡到日上三竿。晚上,小六月躺在床上努力入睡,但室友有的在打游戏、有的在刷剧、有的在写作业、有的走来走去收拾东西,各种各样的声音不断涌进小六月的耳朵,令她无法入睡。小六月在床上辗转反侧,直到深夜所有室友都入睡小六月才睡着。

每天回到宿舍,又看到公用桌子上被室友堆满了东西,本来想要放下手中的东西却没有地方,每次想表达自己的不满,但考虑再三却没有把话说出口。

小六月在与室友的接触中,相互加深了解,但由于她们性格各不相同,而且不同地区有不同的生活习惯、饮食习惯,这让小六月非常不适应,但是小六月担心向室友说出这些情绪会引起不必要的矛盾,所以每次都是自己默默忍受……

在班级里小六月倒是和同学们相处很融洽,老师也很和蔼,大家都很好相处,班委们也尽职尽责。但小六月自己还是有点小社恐,有时遇到问题会不好意思去麻烦老师和同学。小六月知道这样会错过可利用的资源,但有时自己真的不知道该怎么去踏出这一步。

爸妈总让小六月在外边与人为善,和同学们好好相处,但生活习惯上的冲突还是搞得小六月有些不吐不快。但转念一想这也许就是他人的生活习惯,自己又不太好过于强硬地让别人改正。

小六月又找到已经逐渐熟悉的顾老师倾诉。小六月郁闷地说道:"大家其实都非常好相处,但是因为某些琐碎的生活小习惯不同,搞得心情很糟糕不知如何面对。"

顾老师:"比如说呢?什么人?什么事?能跟我详细描述一下吗?"

小六月:"七七在学习的时候总是不停地踱步,大声地背诵,同时还伴有各种手势,甚至把别人床边挂着的毛巾都弄到了地上。"

"有位同学竟然在公开场合谈论自己的内心感受,甚至个人的财务情况。这未免也太过于暴露隐私了吧?"

"有一位学生会的学习部长,开会的时候严守会议流程,时刻注意时间,谁跑题她就马上拉回主题,谁全程没有发言,最后她非得让那个人说一下想法。她管得可真宽,她既不是老师,又不是主持人。"

顾老师:"你能够把这些困惑说出来,这很好,这已经迈出了解决问题的第一步。那么,小六月,你觉得怎么办才好呢?"

小六月摇了摇头。

顾老师:"首先要正视,这些不同的人有着与你不同的学习习惯、处理问题的方式,这是正常的。但是,这些问题既可能转化为矛盾甚至冲突,也有可能成为新的合作契机,这就要看你是如何处理的了,所以,你不妨试着这样想和做。"

"那个室友,可能比较喜欢同时用口、手、脚等五官和身体进行联动式的学习,这种方式可能对她而言效率更高。"

"那位同学,可能属于外向的性格、开放的沟通,再遇到这种情况,自己可以选择保持沉默,闭口不谈,或者私下与他探讨一下关于个人隐私内容的话题。"

"那位部长,应该不是结果导向,而属于过程偏好型的事务处理模式,今后你与他合作,相对于结果的好与坏,侧重过程的把控可能会合作得更愉快。"

顾老师又继续补充道:"在学校里,如果大家遇到问题甚至发生矛盾,你们可以有好几种选择。你可以放任不管,当然你也可以认可这种差异,敞开心扉接受他们、尊重他们。因为,把你所在的教室、寝室看作一个学习不同经验的实验室,解决矛盾并在这个过程中学习,你才可以与同学、老师以及其他人和谐相处。"

小六月赞许地点了点头。顾老师又饶有兴致地说:"要做到与形形色色的人友好相处,我们还可以运用 A 型行为的人和 B 型行为的人的个性两分法进行简单的分析。"

"具有 A 型行为(type A behavior)的人,性情急切、脾气暴躁、不太关注他人的感受,表现出一种强烈的时间紧迫感和高度的竞争推动力,他们总想尽快地做完每一件事。你跟 A 型行为的人在一起,可能会自觉或不自觉地提高速度,你跟他们合作,需要严格把控做事的时间进度。"

大学生涯闯关记

"具有 B 型行为（type B behavior）的人，则正好相反，他们比较慵懒、做什么事都讲究慢慢来、不急不躁，一般而言，相较 A 型行为的人更好相处的。你跟 B 型行为的人相处，可能比较自在，不会有太多压力，但是，针对小组合作课题或项目需要提前做好准备，按时交付。"

小六月："我明白了，最重要的是要转变思维方式，不同个性的人有不同的相处方式。"

1.3.2　来自成长顾问的 12 条建议

在第二次生涯规划课堂上，顾老师告诉大家："每一位同学都应该珍惜这来之不易的接受大学教育的机会。大学较之高中要学习的最重要一课就是独立。同时，尺有所短，寸有所长，当遇到自己无法解决的困难时，要学会求助，借力使力不费力。比如，要懂得好好利用学校为大家提供的图书馆、心理中心、实验室、就业与创业指导中心等各种环境支持，以及学长学姐、专业课老师、辅导员、校友等成长顾问。"

接着，顾老师让同学们先回顾进入大学一段时间以来接触过的支持资源，按照表 1-7 填写完成个人支持资源的梳理，并让大家互相讨论。

表 1-7　大学支持资源盘点表

资源		能给予的支持	联系方式或具体地点	我可以提出的问题	备注
成长顾问	学长学姐				
	专业课老师				
	辅导员				
	班主任				
	家人				
	朋友				
	毕业校友				
	其他职场人士				

续表

资源		能给予的支持	联系方式或具体地点	我可以提出的问题	备注
环境支持	学校				
	学院				
	就业与创业指导中心				
	心理中心				
	图书馆				
	实验室				
	社团协会				
	班级				
	宿舍				
	城市				
其他资源	其他资源				

经过与同学们的自由讨论，小六月又补充了很多之前没有想到的支持资源，最终写了满满一页纸，感觉自己面对大学生活更有底气了。同时，她突然回忆起，前几天看到同社团里的一位学姐正在参加联盟学校的课程学习和实践项目，小六月十分向往，在表格的"其他资源"处又补充了"联盟学校的课程和项目"，并准备下课后跟学姐请教如何申请参加这些课程和项目。

顾老师总结道："通过讨论和反思相信同学们已经觉察到自己使用支持资源的优势与不足，也许你会发现有些资源就在你身边，只需要稍微做一点点努力甚至只需要不逃避就能获得，有些资源你可能今天才第一次发现它们，你也许发现自己能够高效使用的支持资源种类很少，这说明你的支持资源广度需要扩展……无论哪一种情况，你都需要加把劲，<u>主动去建立更广泛、更高效的生涯支持系统</u>。可以从现在开始，积极捕捉身边的支持资源，从自己和他人身上总结高效使用支持资源的经验，开拓新的支持资源领域，建立属于自己的生涯支持系统。"

最后，顾老师提示同学们要定期更新自己的支持资源库，回顾运用情况，及时添加新的支持资源，并分享了成长顾问们对大学生的 12 条建议。

（1）大学学习的过程要耐得住寂寞，学业发展和职业发展都要好好规划，建立目标、付诸实践，不随波逐流，找到适合自己的终身学习方法，全面提升个人的综合素质，为未来步入社会提前做好准备。

（2）如果遇到学习上的问题，可以求助学业导师或者辅导员，老师会帮助你克服困难，解决思想问题、学业困惑等。如果遇到心里想不明白的事儿，还可以求助学校心理中心的心理咨询师。很多时候，学校还会安排校内外专业的生涯规划师提供职业发展咨询，一定要抓住机会积极参加并多问问题。

（3）除了专业学习和职业发展，还要兼顾个人全面发展。例如，人际交往方面，拓展自己的社交圈；身心健康方面，坚持运动并如何保持心情愉悦；休闲娱乐方面，利用自己的空闲时间发展兴趣爱好；自我成长方面，除了专业学习和职业发展外，研读自己感兴趣领域的书籍、自主创业等。

（4）用好图书馆，同时也要走出图书馆。你可以拿到学位，取得很高的 GPA（学业成绩平均绩点），甚至获得保研的机会，但是你仍然没有为进入职场工作做好充足的准备。要记住，大学四年不等于学分或两个证书，大学是你人生经验的积累和储备。

（5）听各种讲座，更要参加沉浸式工作坊。通过互动问答、角色扮演、拓展体验等多种方式积极参与，从程序员、教授、企业家、CEO 到律师、交警、媒体记者，从会计、司机、导游到建筑师、设计师，要勇于表演、表现并实习、实践，因为人生本就是一个大舞台。

（6）积极参加校园活动。比如，各种社团、勤工俭学活动，生涯规划大赛、"挑战杯""互联网+"等创新创业大赛，还有自己导师组织的活动等。通过这些活动，你既可以学会理解别人、帮助别人，还能提升个人的组织能力、协调能力和沟通能力等。这些校园实践经历对于你在求职面试过程中肯定是加分项。

（7）坚持参加体育运动和艺术活动。流水不腐、户枢不蠹，经常运动，生命力才能持久，才有旺盛的活力。不仅仅是竞技比赛，还有那些高中没有、外面培训机构特别贵的选修课运动项目，包括游泳、网球，以及现代舞、民族舞等，既可以锻炼身体，又能培养竞争的才能和领袖的素质，还可以丰富业余生活。

（8）学会倾听并适时赞美别人。优秀的倾听者能用心感悟并做出反应，能够理解谈话的内容、目的和情感,能够站在谈话者的立场上去听,产生共鸣。如果再加上点头赞扬并鼓励对方,可以交到更多的朋友。因为,一个永远也不欣赏别人的人,也就是一个永远也不被别人欣赏的人,要以希望别人怎样待己之心去对待别人。

(9) 被拒绝后依然坦然以对。不要有自卑心理,要另辟蹊径,或者用新的事实与证据继续说服对方,或者毅然决然地放弃,有舍才有得。同时,自己也要懂得果断拒绝别人无礼的要求、不良的嗜好、违反规定的做法等。还有,网络时代更要保护好自己,远离传销式的微商、刷单等新式骗局。

(10) 以自己为中心来定义成功。因为,金钱的多少等外在的东西,并不能实现你所有的愿望;其他同学擅长的你未必做得来,而你干得好的事情可能正是别人羡慕的所在;别人备战考研,可能你更适合毕业工作;别人备考公务员,可能你更适合出国留学开阔眼界;别人选择国企、央企、事业单位的稳定,可能你进外企迎接挑战更适合。

(11) 不要过分追求完美,不要给自己施加不必要的压力。一定强度的压力对学业目标和工作任务的完成是有帮助的。但是,千万不要时不时就处于"骆驼身上最后一根稻草"的境地。

(12) 把你的目标列成一个表单,包括本学期、本学年、下一个学年,直至整个大学期间的目标,并且写清楚在每一期间、重要的时间段你打算采取什么行动方案达成预期目标,因为没有基于目标的计划就没有行动的方向。同时,做好复盘总结,通过复盘,当某种熟悉的类似的局面出现时,能游刃有余地应对,采取高效方法处理,能够明晰与目标的差距,也可以避免在同一个地方跌倒两次。

第 2 章

探索整合：在 VACU 时代认知专业链接职业

大学第一个学期很快就过去了，小六月逐渐适应了大学生活，这段时间有收获有喜悦，但同样也存在许多困惑和不解。但她的大学生活旅途才刚刚开始。在大学的第二个学期，小六月又会遇到哪些机遇与挑战呢？

第 2 章 探索整合：在 VACU 时代认知专业链接职业

2.1 关于专业那些事儿

2.1.1 不了解专业何谈喜欢与讨厌

叮咚！"请大家查收专业分流和转专业的时间和信息节点！"小六月的年级微信通知群发布了这样一条通知。刚刚适应大学生活的小六月有点懵，感觉稍微可以喘口气，新一轮的选择又来了。一个学期下来，小六月真真正正地感受到，大学的学业任务并不轻松。

小六月心想：高考完风风火火地四处玩耍，对于专业的选择并没有进行深入考虑，当初选择交通运输这个大类专业，准备并不是很充足，并不知道自己对什么感兴趣，好像对每个专业的了解都是通过向家长和招生老师咨询或者网上搜索等有限渠道获得的，只是选择了学校口碑较好和自己并不排斥的专业。但要说起来是否真的感兴趣、真的喜欢，我的答案是不知道。现在又要让我更细化地选择之后要去哪一个专业，真是太让人纠结了。

小六月回到宿舍，舍友们也在叽叽喳喳地讨论这个事情。

小白："大一一般学的都是基础课，高数、英语、通识课程，真正涉及专业的课基本没有，我都不知道每个小专业后续要学习什么课程，这让我怎么选啊？"

七七："我想换一个专业，或者辅修一个双学位，但是我不知道该去哪里咨询，咨询谁。转专业的要求是什么，就算我成功转过去了，我就会真的适应我的新专业吗？"

萌萌："才不到一年这么短的时间，我没有找到自己真正感兴趣或者适合的专业，现在要我选择一个未来三年甚至更久要学习的领域，我真的是不知道该如何选择。万一选错了,那我未来三年都在学自己不喜欢的东西,又该怎么办啊?要不直接选择最热门的专业?随大流总是没错的吧?"

小六月心想:看来大家都在愁这件事啊,选专业也太难了吧,呜呜呜呜呜!我们赶快去问问顾老师、班主任以及学长学姐们吧,争取组织一次交流会为大家答疑解惑!

小六月向顾老师请教:"顾老师好,我们大学新生在高考填报志愿选择专业时规划得比较少,有的同学是按分选,有的同学是听老师或家长的。所以,现在有些同学在考虑辅修二学位,有的则在抱怨选错专业了想换专业。"

顾老师:"是啊,专业选择出现的问题很多都是同学们对自身综合条件缺乏全面思考,比如,忽略个人兴趣、缺乏专业信息认知、对个人能力评估不当、盲目跟风等原因造成的。技有专长,术有专攻,专业的选择会影响学科思维能力和方式的养成,也会影响未来的职业发展方向,可以说是很重要的一次选择。"

小六月:"确实如此,那这么重要的一次选择,我们该如何做选择呢?"

顾老师微笑地说道:"小六月,就目前而言,你对自己目前的专业有什么样的感受?喜欢?讨厌?还是中立态度?你知道分流的那些专业到底要学习什么吗?未来的就业方向有哪些?"

小六月挠挠头:"谈不上喜欢,也谈不上讨厌,虽然我们已经上了专业导论课程,但感觉对这个专业还是一知半解。至于您提到的分流后专业学习课程和未来就业方向,我们只是略微知道一些,但不那么清楚。"

顾老师："这种现象很正常，主要是因为信息不对称。没有深入探索和了解专业，不存在喜欢或者不喜欢的问题。**喜欢或者不喜欢，是经过了解、探索最终得出的结果，对专业做判断不能仅凭感觉**。我们个人对于专业的认识和判断，往往过于感性，或者因为收集与整理的专业信息有限，导致对专业的认识比较片面。网络上对于专业的认识也是众说纷纭，上网研究各专业的时候你会发现，几乎所有专业都有人劝退。"

小六月："哈哈，确实如此，当时我填报志愿时，还看到网上有人说'土木工程又土又木，劝人学法千刀万剐'呢！"

顾老师："所以，咱们要先深入了解要分流的专业，才能真真正正知道自己适合什么，该如何做选择。咱们学院马上要举办专业分流的经验分享交流会，邀请了不同专业的学长学姐分享专业信息和专业选择经验，你和同学们一定记得来呀！"

小六月："太好了，我们就需要这样一场及时雨，一定准时去学习。"

小六月补充了最后一个问题："顾老师，我还想问一个关于热门专业的问题，我和舍友们讨论专业选择的时候，有人说随大流选择热门专业总没错，这种说法对吗？"

顾老师："首先，热门专业不适合所有人，鞋合不合适只有自己的脚知道。前几天我接待了一位来咨询的软件专业大二的同学，他是通过转专业考试转入软件专业的，当时觉得软件专业热门，未来就业前景好，但是转入后发现自己对着一堆代码实在提不起兴趣，现在学习成绩平平，感觉学习压力很大。所以，热门专业的选择要结合自己的兴趣、能力、特长，更要提前深入了解。"

"其次，**热门专业具有一定的时效性，并非一成不变的**。所谓的'热门专业'具备人才市场紧俏，工作环境好，收入相对较高等优点。但是，热门专业具有很大的时间依赖性，而且'热'的周期有长有短，这主要取决于国内外经济发展状况和趋势，以及学科自身的发展，人才市场供求比例等。比如你刚刚提到的土木工程专业，2003年我国大基建阶段，这个专业录取分数可是非常高的，毕业生就业有很强的竞争优势，但是风水轮流转，随着基建项目逐渐饱和，土木工程专业现在明显没有前几年火爆了，目前还是调剂率比较高的专业。但是，随着'一带一路'沿线国家的发展，海外市场逐渐打开，土木工程专业海外就业市场需求量逐年增加。"

"所以,我们要理性看待热门专业,根据自己的兴趣能力、未来就业方向等综合考量选择,不盲目从众,适合自己的才是最重要的。"顾老师最后总结道。

2.1.2 多种途径深度认知专业

为了进一步帮助同学们选择适合自己的专业,小六月所在的交通运输学院组织了专业分流经验分享会,为同学们答疑解惑。分享会上顾老师特意邀请了交通工程专业的班主任马老师,交通运输(铁路运输)专业的壮壮学长,物流工程专业的小妍学姐。

壮壮学长:我目前就读的是咱们学校的铁路运输专业,这个专业的核心专业课程包括铁路行车组织、铁路站场与枢纽、管理运筹学、运输组织学、铁路运输生产实习等相关课程,学弟学妹们如果想了解,欢迎来旁听我们的专业课程。除了理论知识的学习,学院也会组织我们到铁路车站及相关企业的短期实习,帮助我们更直观地了解行业的现状及前沿。铁路的发展始终与国家的命运紧紧联系在一起。这种"与国家共呼吸"的精神就是铁路精神的内核。正是它指引着一代代铁路人奔向时代的洪流,甘做一颗颗小小"螺丝钉"。也正是这样的精神,指引着我重塑自己。交通运输专业的就业机会也很多,主要是铁路系统、城市交通管理部门,还有各级政府运输管理部门、规划设计院、科研院所、轨道交通运营公司、铁路局集团公司、大型物流公司及厂矿企业的运输部门、国际交通咨询公司、交通运输金融投资与管理机构如银行、证券公司等。随着我国交通强国战略的推进,我相信我们在铁路运输领域大有可为!欢迎各位同学选择铁路运输专业!

小妍学姐:我校物流工程专业是国家级一流专业,依托我校知名的现代物流与交通运输学科优势与特色。我们的核心课程包括运输组织学、管理运筹学、物流系统规划与设计、现代物流信息技术、供应链管理、物流节点设计等相关专业课程。物流工程有很多干货,从基本内涵、物流设施设备到简单的园区布局方法入门都有涵盖。对于物流工程专业而言,发现实际问题、建立模型、设计算法来解决问题的能力是非常重要的。为了解决问题,需要锻炼自己的自学能力,学习并运用各类数学模型和求解算法。物流工程专业可继续深造的研究领域有很多,包括工业工程、管理科学、交通运输、系统工程,等等,同时很多学长学姐会选择采购管理、供应链管理专业留学深造;专业就业率高,可就业的单位包括政府的物流管理部门,国内外知名物流企业,大型商贸企业以及新兴技术企业的物流、采购或供应链管理部门工作,也可到规划院、设计院、研究院、银行等单位从事物流规划、设计、研究与评估工作。像顺丰、日日顺、京东物流等,还有我们熟知的特斯拉、五菱等汽车制造企业,联合利华、宝洁等商贸企业。

班主任马老师:咱们学校的交通工程专业依托交通运输工程学科,是国家重点学科,第四次学科评估并列第三,上海软科排名蝉联世界第一。本专业持续推进专业综合改革,实施学业导师计划,强调学生创新能力和解决交通工程领域复杂工程问题能力的培养,形成了鲜明的城市交通、智慧交通特色优势。主要学习的专业课程有交通工程导论、交通规划、道路工程、交通流理论、交通系统分析与应用等。关于本专业的深造方向,本校、清华大学、东南大学、同济大学等知名大学,每年均有不少你们优秀的学长学姐"上岸"。出国方向同学们也有很多选择,比如加州大学伯克利分校、麻省理工学院、密歇根大学等。大学毕业生可在交通运输行业科研院所、管理部门,国家机关,互联网、大数据等交通高新技术企业,从事交通规划、设计、管理、运营以及理论研究等方面的工作,一些重点用人单位包括交通运输部公路科学研究院、交通运输部规划研究院、上海城市建设研究院、北京市规划研究院、北京交通发展研究院、深圳市城市交通规划研究中心等。

顾老师：听完了各个专业的介绍，同学们对不同专业有了宏观的了解和感知，大家可以再通过专业培养手册、专业导论课程、学校招生简章、就业质量报告、生涯人物访谈、网络搜索等方式对感兴趣的专业进行深度探索，建议重点从专业学习、专业资源、就业前景、深造前景和专业评价五个维度进行。专业学习方面，可以重点了解专业培养目标、核心课程和实习实践要求、专业知识能力和素质要求、专业学习方法等。专业资源方面，可以了解本科专业对应的研究生专业、师资队伍和实验室资源、对比同类院校专业具有的特色和优势、专业发展历程、现状及趋势等。就业前景方面，了解近年就业率、就业单位示例等。深造前景方面，了解近年保研率、近年国内和国外深造率示例、近年上研院校示例、近年留学院校示例等。专业评价方面，多维度了解各方评价，如学长学姐评价、专业老师评价、亲朋好友评价、网络评价等（见表2-1）。

表2-1 专业深度探索工具表

模块	具体内容	信息获取途径
专业学习	专业全称	专业培养手册、专业导论课程等
	专业培养目标	
	大类专业分流时间和分流专业	
	核心课程和实习实践要求	
	专业知识能力和素质要求	
	专业学习方法	
专业资源	对应的研究生专业	招生简章、专业导论课程等
	师资队伍和实验室资源	
	对比同类院校专业具有的特色和优势	
	专业发展历程、现状及趋势	
就业前景	近年就业率	招生简章、就业质量报告等
	就业方向梳理	
	对口行业状况	
	就业单位示例	

续表

模块	具体内容	信息获取途径
深造前景	近年保研率	招生简章、就业质量报告等
	近年国内和国外深造率	
	近年上研院校示例	
	近年留学院校示例	
专业评价	学长学姐评价	人物访谈、网络搜索等
	专业老师评价	
	亲朋好友评价	
	网络评价	

顾老师补充道：各位同学，专业没有好坏之分，只有合适与否。从人的客观思维角度来说，每个人的兴趣、思维模式、性格、爱好都不尽相同，而每个专业的学习会对人的思维模式、性格特征等有特殊要求。也就是说，单单从人的发展的角度来说，每个专业都有自己忠实的粉丝。所以大家不必过度焦虑于专业分流，在此阶段选择你愿意去了解的专业，勇敢地去咨询你所感兴趣的相关问题，相信大家都会得到答案。我们学院的每个专业都有自己独特的优势与特点，无论最后的选择如何，大家都会走出一条只属于自己的路。

分享会后，很多同学围着顾老师、马老师、壮壮学长和小妍学姐咨询，现场气氛十分热烈。

小六月和舍友们好不容易才挤到顾老师身边，小六月的舍友七七赶紧问出自己的问题："顾老师，您能介绍一下转专业的政策吗？说实话，我对咱们学院目前分流的专业都不太感兴趣，想进一步了解学校转专业的政策。"

顾老师："咱们学校的转专业政策整体还是很宽松的，首先你需要满足基本条件，就是第一学期以百分制记载成绩的课程无不及格记录，如果你的高考成绩和第一学期绩点较高还拥有优先转专业的资格，具体政策可以查阅学生手册。转专业的流程一般为志愿填报—考试或按照平均分绩点排名—面试—结果公示。"

"转专业需要付出足够的努力，但是最重要的是要在选择之前考虑清楚，不能盲目，更不能冲动。给大家举个例子：我之前遇到过两个同学，我们就把他们叫作小A和小B吧，他们大一的学习成绩都非常好，一门心思想要转专业，所以大一期间的学习很努力，目标明确，动力十足。成功转入计算机科学与技术专业后，小A发现和自己的预期并不一致，当时就哭着喊着要回到原来的专业学习，后悔自己做的这个决定；小B也发现了这个问题，天天抱怨专业太难学不懂，后来自暴自弃干脆躺平不学了，最后延期两年勉强毕业。这个结果确实让人唏嘘不已，所以转专业还是要慎重，一定是做足了功课认真研究之后再做决定。"

七七："顾老师，我还有个担忧，如果付出了努力，但是没能顺利转换专业，未来我要学习那么多年自己不感兴趣的专业，这可太难受了……"

顾老师："别着急，即使没能顺利转换到或者分流到自己心仪的专业，也不用自暴自弃，更不能荒废学业，曲线救国的方式还是有很多的。首先，可以选择辅修双学位，辅修可以选自己喜欢的专业或者选当下比较热门的专业，这样一方面满足了自己的执念，另一方面也为后续的就业增加了一定的筹码。其次，可以在学习之余考取一些资格证书，考证也是快速提高专业知识水平，扩充知识面，提高个人综合素质的有效途径。除了一些基础的像大学英语四六级、普通话等级考试、全国计算机等级考试外，还可以结合自己的兴趣爱好，考取如注册会计师、律师从业资格证、教师资格证等，不仅满足了自己的兴趣，也为日后的求职就业储备了更多的资本。最后，如果本科没能选择自己感兴趣的专业就读，可以考虑跨专业考研，跨考为同学们提供了二次选择的机会。此外，还可以考虑本科毕业攻读第二学士学位。第二学士学位是指本科毕业后两年时间再次攻读一个学士学位。第二学士学位的竞争相对于考研自然小得多，报名时间与考研时间也不冲突，如果为了满足自己的兴趣学习，第二学士学位无疑是一个绝佳的选择。比如，我们学院的一位同学，本来想跨专业考研到通信专业进行研究生的学习，可是考研失利最终选择了攻读通信专业的第二学士学位，两年毕业后凭借第二学士学位的学历和第一学历背景成功拿到了智能交通信号控制工程师的offer。"

七七："这么说来，其实我们的选择有很多，路也非常宽广，这让我放下心来了，谢谢顾老师！"

2.2 职业的艺术照和生活照

2.2.1 企业岗位胜任力模型

最近校园的主干道上总是人山人海，在一个搭起的档口面前都排了长长的队伍，小六月每每上课途中路过都很好奇是什么活动，但是奈何要赶着去上课，所以只能先搁置了。这天，小六月恰好没课，于是准备去探索一下。经过询问，小六月得知原来现在是"秋招"的时候，学校举办双选会，临毕业的学长学姐可以在这里向心仪的公司投递简历。一声长长的叹息吸引了小六月，有一位拿着简历的学长垂头丧气地在与朋友讲话，"我真的好后悔没有提前了解岗位所需要的技能，光顾着闷头学习了，如果我当时能知道我的专业对应的岗位所需要的能力，我就能有针对地进行提升了……"小六月听完这位学长的话若有所思，不希望自己在求职就业的时候也遇到这样的困境。

小六月想起来自己的班助北北学长已经签约了很满意的工作，于是小六月去向北北学长取经。

小六月："北北学长，我很担心自己未来是否胜任工作，也不知道工作需要什么样的能力，另外，我刚刚大一，现在就开始考虑职业，是否有点儿太早了呢？"

北北学长："其实工作既是谋生的手段，也是实现我们人生意义的途径。对于职业的认知，不等于毕业前夕的制作简历和面试技巧训练，也不是到了大四之后根据用人单位的招聘需求才考虑，那就太晚了。在大学期间进行职业探索，可以更早地了解自己未来的就业方向，为将来在激烈的就业压力下能够顺利找到心仪的工作做好充足的准备。而我就是这么做的，大学期间提前了解了胜任目标职业所需要的能力，针对性地做了很多准备，才能顺利签约呢。"

小六月赶忙接着请教："那学长你是如何了解心仪职业所需要的能力呢？"

北北学长："那就要从企业招聘的角度谈起了，我先分享给你一个企业岗位胜任力模型吧。"一边说着一边微信发给了小六月。

北北学长："对于企业来说，在招聘人才时，通常使用这个胜任力模型（如图2-1所示）来判断求职者的职业能力和职业素养，这个模型也叫作冰山模型。冰山以上部分为表象（外显能力），冰山以下部分为潜能（内隐能力）。外显能力包括知识、技能，是外在表现，容易了解与测量；而内隐能力包括社会角色、自我认知、品质和动机，是内在部分，难以测量评价。胜任力模型启示我们，企业在招聘人才时，不仅会对知识和技能进行考察，同时也会从应聘者的求职动机、个人品质、价值观、自我认知和角色定位等方面进行综合考虑。"

小六月接着问了一个问题："那么，以胜任力模型为基础，一家企业的岗位胜任力模型又是什么？"

北北学长随手点开一家招聘网站找到一则招聘简章，说道："咱们举个例子，以中国交通建设集团下属公司的交通运输规划管培生为例，这是岗位职责和任职要求。从这则招聘简章中我们能提炼出岗位的胜任要求，冰山上的部分，知识的要求为：大学本科以上学历、英语CET4、交通运输、交通工程、城市规划等相关专业。技能的要求可分为专业技能和综合能力，专业技能要求有：熟悉交通运输规划领域的相关知识和技能，具备基本的交通工程规划、设计、实施和管理

第 2 章 探索整合：在 VACU 时代认知专业链接职业

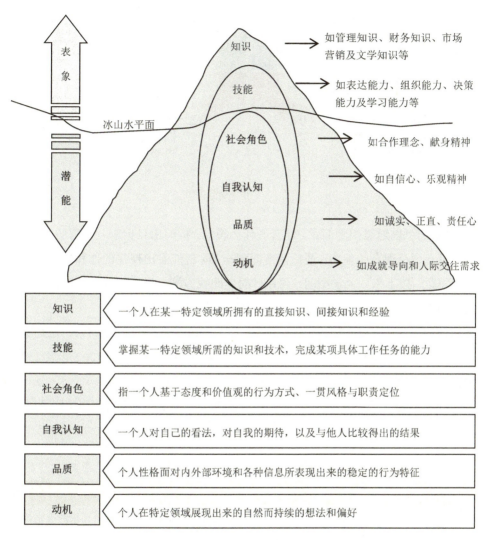

图 2-1　胜任力模型

能力；熟悉交通规划软件，如 TransCAD、ArcGIS 等；具备良好的数据分析能力和报告编写能力，能够独立进行交通需求预测和交通影响评估。冰山下的内隐能力要求有：具备良好的沟通协调能力和团队合作精神，能够与相关部门和利益相关者进行有效的沟通和协调、认同企业价值观等（如图 2-2 所示）。当然，还有一些冰山下的岗位胜任力要求并没有完全写在招聘简章中。"

图 2-2 招聘简章拆解

"我们可以通过招聘简章，结合胜任力模型，拆解出目标职业所需的胜任力，然后盘点自己现有的能力，最后两者匹配一下，就能看出现在的你和目标职业之间的差距。接下来，大学期间，可以针对差距找方法，思考如何提升到目标职业需要的水平，积极行动缩小与目标职业的差距。"

"除此之外，岗位胜任力也可以通过企业 KPI 考核指标窥见一二，这是我们公司运输安全专员和运输规划设计师两个岗位的考核要求（见表 2-2 和表 2-3），发你做参考哈。"

听完了北北学长的讲解，小六月豁然开朗，迫不及待地想要开始探索职业世界了。

表 2-2 运输安全专员的岗位胜任力

岗位职责要求	工作标准与规范	考核指标界定与目标值
车辆安全记录	对车辆发生的保养和维修的时间、次数等进行统计记录	主要通过车辆安全记录的准确性和全面性进行考核
运输安全培训安排	根据审批过的培训计划安排教室、培训设备和内外部培训师等	主要通过学员对培训的满意度进行考核，满意度不得低于___分，每低于___分，扣___分
运输安全事故记录	包括事故发生原因、存在的问题与隐患和解决方案等	主要对运输事故记录的准确性、全面性和及时性进行考核
撰写运输安全调查报告	定期撰写运输安全调查报告，并提交上级审核，再通过会议传达	主要考核运输安全事故报告的逻辑性、系统性、准确性和完整性方面

表 2-3　运输规划设计师的岗位胜任力

岗位职责要求	工作标准与规范	考核指标界定与目标值
运输项目规划与设计	负责中小城市或地区性的综合交通规划设计项目、各类专项交通规划、路网规划项目等	土地使用规划情况；数学模型和技术工具的使用情况；解决方法与成本效益的评估
关系梳理与需求预测	交通规划是技术与社会科学的综合体，规划师必须了解社会的、环境的、伦理的因素与多种多样交通运输方式的关系，以及它们与所支持的土地使用形式的关系	一是未来土地使用和经济发展规划；二是了解对交通服务和交通设施的需求，并确定用来满足这些需求的途径；三是调解不同利益集团之间的冲突
提供辅助分析工具	包括缓冲区分析、覆盖分析、出行圈分析、项目报建分析、人口/经济分析、国土空间冲突分析等	选线、选址，满足用户在多场景下的应用；基于准确的综合交通数据，采用科学的分析算法，提高规划编制的合理性
建设规划决策辅助信息平台	推动综合交通规划信息化，推进"多规合一"，加强各运输方式统筹融合	显著提升规划编制的质量和效率，能够以大数据可视化的方式展现规划成果
探索创新传统的综合交通规划范式	整合数据库，改革规划机制，在交通碳排放等领域新突破	实现在规划决策、建设管理、信息发布、数据共享等方面的多重创新应用

2.2.2　职业信息的获取与分析

生涯规划课上，顾老师为同学们介绍了职业定位的公式，**职业=行业+企业+岗位**，教会同学们从行业、企业和岗位三个方面分别进行职业信息的获取，最后，对三个方面的信息进行整合分析，从而深度认知职业。

1. 行业认知

如果想要全面了解一个行业，就要了解行业发展现状和前景、行业人才需求情况、社会评价和社会声望、行业代表人物、行业规范和标准、知名企业等信息。

国家各级行业主管部门或者社会研究机构，每年都会推出各种行业分析报告，这是了解行业现状和发展趋势的最好资料，拿到资料后可以从行业内部和行业外部两方面进行分析。从行业内部分析来看，行业自身的生命力如何，社会的大众需求如何，是否有资金、技术等是大学生职业生涯规划和择业时要考虑的重要因素。从行业外部分析来看，国家根据经济与社会发展状况出台的相关产业的鼓励扶持或限制政策会对行业的发展前景产生直接影响。如果一个行业或职业既有政府扶持，又有社会大众的需求，那么这个行业的发展前景一定很好。

各行各业都有其准入门槛以及对人才素质能力的基本要求，了解行业人才需求状况，是进入行业的前提。所谓行业的人才需求状况，是指这个行业人才胜任能力标准，人才发展前景，人才培养目标及人才晋升路径。除了人才能力的要求，每个行业都有自己的行业规范及标准，这些规范可能是明示的，也可能是潜在的；这些标准可能是国家制定的标准，也可能是行业内部制定的标准。行业的规范及标准代表了行业的人才准入门槛以及从业人员基本守则，掌握了该行业的规范与标准，也为进入该行业铺平了道路。

了解行业的代表人物是了解行业的一个较好的途径。三百六十行，行行出状元，各行各业都有自己的代表人物，通过调研行业代表人物的先进事迹、成长历程，可以加深对该行业的认识与了解。相反，了解行业反面典型的失败经历，也能够从侧面知道行业存在的风险与弊端，树立对行业全面、客观的认识。

行业知名企业名录是由一系列细分领域内的企业共同组成的，这些企业既互相竞争，又互相依存，共同推动行业的发展与进步。行业知名企业一般是该行业发展的缩影，代表了该行业的最高发展水平，因此了解行业的标杆企业是了解该行业的最好方法。此外，行业不是孤立地存在于职业世界之中的，要多倾听社会各界人士对该行业的评价，了解该行业的整体社会声望情况。

2. 企业认知

第一，要了解企业的基本信息。这包括企业成立的时间，主营业务，企业的创始人，现任的高层领导，企业所在城市及具体位置，企业在行业内的位置，企业获得的荣誉奖励等，这些内容可以从企业的对外介绍中得知。除此之外，还要注意查看企业的信用信息。企业信用信息的查询渠道多种多样，常见的就是通过网站查询，可以查询企业信息的网站主要分为两大类，一类是官方网站，另一类就是第三方的企业查询软件的网站，不管是哪类，提供的信息基本上都是真实的，作为参考都是可以的。官方网站指的是国家提供的企业信息查询网站，包括国家企业信用信息公示系统,各省、市企业信用信息网,全国组织机构代码管理中心网站,中国企业资质证书查询平台,中国裁判文书网,中国执行信息公开网,信用中国等,通过这些网站都可以查询到企业的相关信息,如工商信息、企业信用等。

第二,要了解企业的主要业务。一个企业的存在源于为社会提供了什么服务,满足了哪方面的需求,具体表现为企业的业务和产品。每家企业可能有多项业务,但核心业务就是一种产品或服务,或一条产品线。这是企业发家或主导的项目,可以通过企业名字和大众所想到的产品来定位主营业务。例如,比亚迪公司的业务横跨汽车、轨道交通、新能源和电子四大产业,主营业务和产品是汽车。除了主营业务,企业越发展壮大,越会扩展出其他业务,而有些企业的主营业务和扩展业务的占比会随着企业和社会的发展不断变化,可以通过企业官网查询其发展历程,感受业务的发展变化。

第三,要了解企业的职能设置。企业所处的生命周期阶段和发展规模,主营业务的定位和行业的独特要求,领导人的意图等都会影响企业开设或解除哪个职能部门。但在一个阶段里,企业的职能部门是相对稳定的,因此,探索企业时,要对企业的职能部门进行梳理,一是了解企业的组织结构,二是了解自己未来可能的入门岗位,同时也会为入门和内部转岗收集信息。每家企业的职能部门设置略有不同,但大致分为人力、财务、行政、研发、市场、运营、销售、产品服务等部门。

第四,要了解企业的发展愿景和文化风格。企业除了在主营业务上有定位以外,还会对自身的生命发展周期和发展规模进行展望,长远来看就是企业的愿景。每个企业随着发展以及领导人的成长都会形成一定的文化氛围,向上就表现为企业文化,向下就是做人做事的规则。企业所在的行业和城市等因素也会影响企业文化的形成。了解企业文化风格是判断自己是否适合这个企业,在这个企业能干多久的重要因素,理想的状态是企业的文化风格与自己的性格相符,企业的愿景与自己的目标相符,这样个人与组织才能共同成长。

3. 岗位认知

第一,要探索岗位的核心工作内容。每个岗位都有核心的工作职责,职责背后对应的就是工作内容。了解岗位的工作内容，有利于了解完成工作必须具备的能力，这样就找到了自己和理想岗位的差距，从而有目的地补充相关能力。一些企业的招聘简章中有对工作内容的描述，也可以查阅一些行业协会的信息，另外，从事这个岗位的资深人士、一般企业的人事部门工作人员和直接部门经理也有对岗位的具体感悟。一般来说，一个职业是有一系列具体的岗位划分的，如人事工作的岗位就分招聘、考核等很多个具体岗位，而不同行业、不同性质、不同规模的单位对岗位的划分有很大不同，很可能同样都叫一个名字，但干的活却完全不一样。而胜任具体岗位的能力素质也不同。每个岗位的招聘简章中会描述岗位的任职资格，也可以通过访谈在岗人员详细了解。

第二，要了解薪酬体系和调研标杆人物。薪酬体系一般包括基本薪酬、奖金、津贴、福利四大部分。我们可以通过相关网站调查了解岗位薪资情况，如前程无忧、智联招聘、薪情（51salary）、职业圈、看准网等网站，或者询问岗位从业者。职业标杆人物调研，就是调研在这个领域谁做得最好，他是怎么做到的，他都取得了什么成绩，遇到了什么困难，具备什么素质等。研究岗位标杆人物，了解他的奋斗轨迹，可以让自己在"追星"过程中加深对岗位的理解，也会找到在这个领域奋斗的途径。

第三，要了解职业发展路径。提到职业发展路径，首先想到的是不是升职加薪呢？其实，职业有三种发展路径，分别为高度、深度和宽度。升职只是其中的一种，是职业生涯发展的高度。比如，人力资源岗位的职业发展高度为从助理、专员、主管到经理、总监等。所谓深度，是指专业水平的精深程度以及你在这个领域能干多久，3年、5年还是一辈子。能力是硬通货，专业越精深职业发展的基石就越厚重，在专业领域扎根干下去，将专业学得越来越精湛，可以收获丰硕的成果。所谓宽度，就是职业内外的每个人都扮演着多种多样的角色。还是以人力资源岗位为例，无论是招聘、培训、薪酬福利、政策法规都可以精耕细作，从单一模块高度发展，从专员、主管、经理到总监，成为职能领域专家。当成为某一模块领域的专家，路则越走越宽，实现企业内外的转换，可以在专业深度发展基础上朝着通才的方向发展走管理提升路线，可以成为外部的咨询顾问或自由职业者、创业做服务外包业务等。

4. 职业探索方法

大学生进行职业探索方法通常有查阅法、讨论法、参观法、实习法和访谈法（见表2-4），在校内也能"运筹帷幄之中"。不同途径职业信息的获取难度及信息的精确度有所差别，通过查阅、讨论的方式获取职业信息更容易，但精准度不够高，而通过实地参观、生涯人物访谈和实习方式获取的职业信息精准度高，但难度也高。要根据实际情况综合运用这些探索方式，整理汇总信息才能获得职业的全貌。

表2-4 职业探索常用的方法及探索途径和探索内容

序号	方法	探索途径	探索内容
1	查阅法	网络、报刊、书籍、广播、政府网站、各省区市的毕业生就业信息网、人才市场公共信息网	对行业环境、组织环境、岗位环境、职业工作所需要的知识、专业技能、生理条件及个性特征有一个初步的了解
2	讨论法	可以和周围人群一起讨论，比如和同学、朋友，甚至老师、父母进行讨论	将已经了解到、探索到的职业信息拿出来讨论，得到进一步证实或充实提高，共享职业探索成果
3	参观法	到相关职业现场短时间地观察、了解	行业环境，组织环境，岗位环境，职业相应工作的性质、内容，职业氛围
4	访谈法	对身居自己感兴趣职位的人进行采访。接受采访者最好是在这个职位上已经工作了3～5年甚至更长时间。为防止访谈中的主观影响，应至少访谈3个人物	岗位职责，日常工作内容，岗位所需的专业知识、能力、素质，职业发展前景，晋升或转职路径，工作强度，薪资待遇，以及招聘流程和注意事项等
5	实习法	实习是到职业场所进行一定时间的打工、兼职或教学实习、实践	职业的工作要求、工作任务、工作环境及个人的适应情况，工作的程序、薪酬、奖罚、管理及升迁发展的信息

生涯人物访谈在获取信息的效率和真实性上有比较好的平衡，同时也能扩展在某个领域的专家人脉。生涯人物访谈对象首选的是校友，而访谈中能否提出好问题，是获得有效职业信息的前提和关键。低年级同学可以聚焦在生涯访谈人物所学专业相对应的职业领域和未来行业，侧重了解自己所学专业对应的行业发

大学生涯闯关记

展前景,加强对职业全方位的认知;高年级同学更注重对生涯访谈人物所属的具体组织和岗位胜任素质的要求、求职技巧等信息的搜索和整理,以及未来的职业发展路径等。

生涯人物访谈所涉及的问题通常包括岗位职责,日常工作内容,岗位所需的专业知识、能力、素质,职业发展前景,晋升或转职路径,工作强度,薪资待遇,以及招聘流程和注意事项等。**既要询问客观信息,也要询问主观感受,同时,要根据具体岗位设计针对性问题**。比如,访谈对象为建筑设计师,可以询问"设计师工作带来的成就感有多大?最激励您产生创意的是什么?"访谈对象为基层公务员,可以询问"公共服务部门的工作是否有时不被人民群众理解?这会不会消磨您的工作热情?"访谈对象为大学教师,可以询问"学生上课'摸鱼',会对您的心态有影响吗?您是如何引导学生重视学业的?"

生涯人物访谈结束后,要整理分析所获取的信息,尤其要思考总结,可以参考表2-5。当然,优秀大学生要想更好地进行职业探索,要与辅导员、学业导师、卓越校友、父母或朋友多讨论,多了解、多参与、多体验。

表2-5 生涯人物访谈提纲参考

1. 目标行业调查		2. 目标职位调查		3. 目标公司调查	
数据事实	你的分析	数据事实	你的分析	数据事实	你的分析
1. 该行业的发展趋势如何?	1. 该行业处于行业发展的哪个阶段(曙光、朝阳、成熟、夕阳、流星)?	1. 该职位的主要职责是什么?常规一天是如何度过的?	1. 该职位具体的工作内容是什么?	1. 该公司的企业文化是什么?工作氛围如何?	1. 公司的企业文化和氛围是否符合我的价值观?
2. 该行业大概的分类是怎样的?各自有什么特征?	2. 我想从事的岗位在产业链的哪个位置?	2. 该职位对人有什么样的技能、知识或个性要求?入职要求如何?	2. 对于这个职位,我目前还欠缺哪些能力和素质?	2. 该公司对人才的需求具体有哪些标准?	2. 我和该公司在哪些方面的匹配度最高?

续表

1. 目标行业调查		2. 目标职位调查		3. 目标公司调查	
数据事实	你的分析	数据事实	你的分析	数据事实	你的分析
3. 该行业核心公司、新兴公司、发展速度最快的公司有哪些?	3. 典型头部企业有哪些?	3. 在这个职位的优秀员工都有什么共同特征?	3. 如果要成为这个职位的精英,我需要发挥自己哪方面的优势?	3. 该公司对人才的培养机制是什么?	4. 我希望通过该公司获得怎样的个人发展?
4. 该行业主要分布地域有什么特征?地域有何政策?	4. 该行业主要集中分布的地域及相应的政策?	4. 该职位日常面临的问题和挑战有哪些?解决的办法是什么?	4. 该职位的难点有哪些?我如何才能更快适应并克服这些难点?	4. 该公司的核心产品和服务是什么?有什么特点?	4. 该公司未来的发展方向是什么?
5. 要进一步获得更多的信息,有什么相关的书籍、杂志或者网站推荐?	5. 获取更多信息的路径有哪些?	5. 该职位的福利待遇、工资梯度大概是什么样的?	5. 我对这个职位的满意度如何?	5. 该公司的组织架构和职能设置?	5. 所应聘的岗位处于公司的定位?

2.3 VACU 时代下的职业世界

2.3.1 新时代的专业与职业

小六月听了专业交流分享会,上了生涯规划课后,决定主动寻求信息资源,来做出目前对自己负责任的选择。她在学校公众号里寻找相关信息,发现了就业与创业指导中心的关于生涯人物访谈的活动,鼓起勇气报名参加。

到了参加生涯人物访谈的日子，小六月期待但又略带忐忑地前往了就业与创业指导中心的咨询室。轻轻地敲了敲门：

"请进"，一声底气十足的男声从屋内传来。

小六月缓缓推开门，一位和蔼的叔叔微笑着看着她，似乎已经等候多时了。

"我是咱们学校的校友，就叫我黄学长吧，别紧张，只是来聊聊天，聊聊咱们的交通运输专业，更好地帮助你。"

听到自己面对的是已经毕业的校友学长，小六月的紧张消除了大半。道出了自己对于专业和职业的种种疑惑。

"黄学长您好，我叫小六月，目前学院正在组织专业分流，我有一些专业选择和未来职业上的难题希望能够得到解答，比如我们交通运输行业的人才需求是怎样的，近些年来是否有变化，目前的形势需要我掌握哪些能力才能更好地就业，以及对于具体到某一个专业的选择您是否有推荐呢？"

"小六月看起来你是有备而来啊，已经自己做了一些功课了，我来简单谈谈我的理解，供你参考。"

"其实我们交通运输行业的本质是服务，是经济社会发展的'先行官'，在适应发展、推动发展、引领发展的过程中，会不断创新发展方式和服务模式。这些新业态、新模式不断发展、逐步融合，形成了贯穿生产、流通、消费等各环节、全产业链的新型服务业，这就是交通运输现代服务业。八年多的工作实践，我观察到交通运输现代服务业，是以交通运输为主要载体，以信息网络技术为主要支撑，建立在新的商业模式、服务方式和管理方法基础上的，促进全产业链、供应链协调运行的服务产业，包括网络货运、快递服务、城市绿色配送、陆地港、多式联运、智慧出行、邮轮经济、运输转型升级等十个类型。交通运输现代服务业与其他行业关联度高、融合性强、活力极强、发展极快。"

"所以作为交通运输专业的学生，需要掌握以下基本能力：

（1）掌握运筹学、管理学、交通运输组织学等基本理论；

（2）掌握一般的最优化方法和计算机在交通运输、车辆工程中应用的基本技术；

（3）具有交通运输组织指挥、交通运输企业、企业生产与经营的基本能力；

（4）熟悉国家关于交通运输方面的方针、政策和法规；

（5）了解交通工程设备及交通运输组织管理的发展动态等，但具体专业还要有更加细分的能力。"

"黄学长分享的见解对我来说非常有价值，但大家都说现在是 VACU 时代，在这种易变的、不确定的、复杂的时代下，仅仅掌握以上能力能应对新形势和新变化吗？"

"小六月，你能提前意识到应对 VACU 时代的想法非常棒，作为一名工科生，你听说过新工科吗？"黄学长向小六月询问道。

小六月点点头："我之前也有了解过一些。新工科对应的是新兴产业，既包括针对新兴产业的专业，比如人工智能、云计算等，也包括传统工科专业的升级改造。"

"是的，新工科更强调学科的实用性、交叉性和综合性，尤其注重新技术与传统工业技术的紧密结合，新工科的浪潮归根结底是我国为主动应对新一轮科技革命和产业变革，实现高水平科技自立自强的途径，也是应对 VACU 时代提前做的准备。那你有没有思考过这对于我们的交通运输专业来说意味着什么呢？"

看到小六月陷入思考，黄学长开展了深入分析讲解。

"相比传统的工科人才，新工科人才不仅在某一学科专业上学业精深，而且还具有'学科交叉融合'的特征，不仅能运用所掌握的知识去解决现有的问题，还能通过学习新知识、新技术，去解决未来可能出现的问题，对未来技术和产业起到引领作用，不仅在技术上优秀，还需要具有良好的人文素养，懂得一些经济、

大学生涯闯关记

社会和管理方面的知识。"

"咱们学校交通类专业新工科建设采取'交通+（数理、技术、信息、智能、大数据）'模式，打破学科壁垒，拓宽专业口径，共享学科大类基础平台课程资源，如新经济、人工智能，交通大数据挖掘课程，辅以虚拟仿真实验项目，是融原始基础创新、技术创新、管理创新和服务创新的一体化人才发展模式。这种培养模式都是为了能够进一步提升新工科交通专业人才的'学科交叉融合'特征。"

听完黄学长的讲解，小六月若有所思地点了点头。

黄学长耐心地继续分享道，"回想我的学生时代，学习铁路专业课是愉悦的过程，课堂讲述的大多是铁路迷感兴趣的内容。在'交通运输设备'的直观教学课上，我们在校内的运输科学馆中感受各种运输设备的功能与原理，宛如走进一座小而精的铁道博物馆；在'铁路行车组织'课上，我们更深刻地认识到铁路这个庞大的系统如何联动协调地运转，了解列车是如何调度的。在'铁路站场与枢纽'课上，我们明白了铁路车站里纷繁复杂的各条线路的用途，设计铁路车站的线路布置……学习铁道运输后会发现，许多曾经在铁路出行中观察到但并不理解的现象或设施，如今都能从专业的角度进行解释，甚至可以像'专家'一样为同行者科普铁路知识。在认知实习中，我们走进北京动车段，在动车检修中心零距离感受高速列车的整备检修过程；我们走进丰台西站，在编组场驼峰顶上观察货物列车溜放解体，在车站调度指挥中心体会编组站错综复杂环环相扣的各项作业如何被安排得井井有条。"

"这么看铁路运输专业也太好了！"小六月激动地说道。

"在我看来铁路运输专业确实十分适合我自己，刚刚你提到具体专业的选择，建议你充分考虑个人兴趣和能力，还有未来就业的方向，思考一下自身对哪个方向有兴趣？分流专业的基础课程都差不太多，在差异化的课程方面，自己更擅长哪些？不同专业的应用场景有哪些差异？在未来的应用领域哪些更广泛？自己对哪个方向更有兴趣？总之适合的就是最好的。另外，一定要结合"交通强国"战略，把个人发展跟国家社会发展联动起来，乘着时代的东风，个人职业能更快地发展！"

"太感谢黄学长了，我回去仔细思考一下这些问题。"小六月感激地说道。

2.3.2 无限可能的职业选择

生涯规划课上,顾老师跟同学们进行"新职业猜猜看"的活动。

顾老师:"人工智能背后有人工,数据标注和模型训练让人工智能更聪明,猜一个新职业。"有的同学猜出这个职业是人工智能训练师。

"爆款 IP 制造者,创意绽放、非遗换新,让潮玩手办频频破圈,加速兴旺艺术消费市场和文化产业。"顾老师公布答案为"潮玩设计师"。

"同学们,你们都玩过剧本杀吗?买过文创吗?随着文化产业、旅游业新商业模式的拓展和新业态的兴起,新阶段、新理念、新格局下,文创 IP 授权专员、剧本杀 DM、露营地主理人这些新职业逐渐走入人们的视线。同时,还涌现出了数字化运营师、老年人能力评估师等新职业。在新时代背景下,职业领域几乎也可以说是日新月异,科技和生产力的提高极大地丰富了人们的日常生活,人们对美好生活的需要越来越多样化,孕育出许多前所未闻的新职业。纵观科技的发展趋势,未来将在智能制造、物联网、无人机、电子游戏等领域催生出更多新兴职业。"

图片来源于 360 图片

"顾老师,我认识的一些从事新职业的人是'斜杠青年',这样的工作形式未来会很多吗?"有的同学问道。

顾老师:"在很多同学的心目中,工作就是朝九晚五,但随着社会的发展,可以选择的工作形式远不止这一种,包括但不限于'斜杠青年'。常见的职业形式除了常规的全职工作外,还有非全职工作、弹性工作时间、轮班工作、兼职、自由职业者等。刚刚同学提到的'斜杠青年'属于兼职形式。还有一种新型的职业模式——无边界职业。所谓无边界职业是指跨越公司界限的一系列工作机会。从事无边界职业的人不再局限于某一特定的组织，而是以完成一个一个的'工程项目'为基础而获得职业道路的发展，他们往往是为某一行业的不同公司完成这些'工程项目'。可以说，无边界职业是相较于传统职业更灵活的工作模式，未来可能还会出现更新的工作方式。"

小六月问道："未来的职业世界充满了机遇，让我们很是向往，那交通运输专业当前具体就业行业和岗位有哪些呢？我听同学们开玩笑未来只能去开火车或地铁，还看网上评价交通运输专业的就业范围很窄，是这样吗？"

为了回答小六月的问题，顾老师展示了九则招聘简章，分别为北京市地铁运营有限公司的专业技术岗位、山西省交通运输厅所属事业单位的专业技术岗位、中路交科交通咨询有限公司的交通咨询师岗位、中咨城建设计有限公司的交通规划设计岗位、上海飞机客户服务有限公司的技术支持/维护工程师岗位、浙江省交通运输科学研究院的政策研究岗位、中国交通报社有限公司的记者/编辑岗位、山东电力工程咨询院有限公司的储备干部岗位、中国交通信息科技有限公司的互联网产品专员岗位（如图2-4所示）。这九则招聘简章中对专业的需求均包含交通运输专业，但不同岗位的任职资格和工作职责不同。

图 2-4　交通运输专业就业方向

顾老师总结道："交通运输专业的同学毕业后，除了选择在本专业领域深耕外，还可以选择结合专业背景的其他领域就业，也就是说可以选择各种行业不同的岗位。除了上述招聘简章中展示的部分行业和岗位，还可以选择一些不限专业或专业要求宽泛的岗位，比如公务员、选调生、大学生志愿服务西部计划、应征入伍、三支一扶、大学生村官、特岗教师等，或者还可以选择自主创业、国际组织等。政策性的岗位为有志青年提供了广阔的择业空间和施展才能的机会，这些岗位除享受国家规定的高校毕业生就业优惠政策以外，还额外给予了多种政策支持，例如，生活补贴、学费代偿、报考硕士研究生加分、高职（高专）免试入读成人本科等。当然，除此之外，你们毕业时可能会有交通运输领域的新职业产生，或者新职业由你们来创造。"

顾老师补充道："其实，专业是职业发展的理论基础，职业是专业学习的实践拓展，我们所学的专业，不会限制你的选择，我们要做的就是以终为始，打开自己的视角，先在职业探索的道路上多去看看未来的可能性，不要限制或者固化了自己的选择，未来将有无限可能！"

2.3.3 AI+的正确打开方式

近期，ChatGPT 横空出世刷屏朋友圈，小六月和同学们也好奇地试用了这个号称"目前为止最聪明的机器人"的工具，使用后大家都惊叹"这个工具太好用啦！"除了问题对答，常规的搜索外，它还拥有一定的思考能力，能根据网上已有内容总结生成小作文，据听说它还能直接生成代码、自动修复 bug、还能写诗，各种匪夷所思的问题都能得到一个看似合理的答案。

小六月日常会使用这个工具进行文稿润色、辅助撰写文章、翻译、编程等，感觉任务完成得更快了，但也发现自己慢慢有点依赖这个工具，降低了思考的主动性，她有点担忧，AI 对于未来的职业肯定会有冲击，应该怎么样更好地利用 AI？什么样的岗位 AI 的可替代性会更小呢？带着这些困惑和疑问，小六月在网上听到了一场名为"AI 时代的职业发展"的讲座，受益匪浅，第一次学习到了"AI+"的概念。

"AI+"是"AI+各个行业"，但这并不是简单的两者相加，而是利用人工智能技术以及互联网平台，让人工智能与传统行业、新型行业进行深度融合，创造新的发展生态。它代表一种新的社会形态，即充分发挥"人工智能"在社会中的作用，将"人工智能"的创新成果深度融合于经济、社会各领域之中，提升全社会的创新力和生产力，形成更广泛的以互联网为基础设施和实现工具的经济发展新形态。

AI 发展对职业的影响是多方面的，既有积极的一面，也有潜在的负面影响。主要的影响有以下几个方面：

（1）提高生产力和效率：AI 工具可以帮助员工更快地完成任务，减少重复性工作，从而提高工作效率。例如，自动化软件可以自动处理数据输入、报告生成等任务，让员工有更多的时间专注于更高层次的工作。

（2）改变技能需求：随着 AI 技术的发展，许多传统的职业可能会被自动化取代。这意味着员工需要学习新的技能以适应不断变化的工作环境。例如，数据分析、机器学习和编程等技能将变得越来越重要。

（3）创造新的职业机会：尽管 AI 技术可能导致某些职业消失，但它也将创造出许多新的职业机会。例如，随着 AI 技术的普及，对于 AI 伦理、数据隐私和安全等领域的需求将不断增加。

（4）促进跨学科合作：AI 工具的应用需要不同领域的专业知识，这促使员工之间的跨学科合作变得更加紧密。例如，医生和工程师可能需要共同开发用于诊断和治疗的 AI 系统。

（5）提高决策质量：AI 工具可以帮助员工更好地分析数据，从而做出更明智的决策。例如，企业可以使用 AI 工具来预测市场趋势、优化供应链管理等。

（6）增加工作负担：虽然 AI 工具可以提高生产力，但它们也可能增加员工的工作压力。员工需要不断学习和适应新技术，同时还要应对由自动化带来的失业风险。

（7）影响就业稳定性：随着 AI 技术的发展，许多传统的职业可能会变得不稳定。

（8）加剧收入不平等：AI 技术可能会加剧收入不平等现象。那些掌握先进技术的人可能会获得更高的收入，而那些无法适应新技术的人可能会面临失业的风险。

在 AI 时代，以下职业的不可替代性更强：创意和艺术类职业，如艺术家、设计师、作家、音乐家等，这些职业需要独特的创造力、想象力和审美能力。教育和培训类职业，如教师、教练、培训师等，这些职业需要与人类进行情感交流、激发潜能和提供个性化指导。管理和领导类职业，如企业家、管理者、领导者等，这些职业需要具备人际沟通、团队建设、战略规划等复杂能力。医疗和护理类职业，如医生、护士、心理治疗师等，这些职业需要对人类生理和心理状况进行诊断、治疗和关怀。法律和咨询类职业，如律师、法官、顾问等，这些职业需要对法律、政策和社会问题进行深入分析和判断。研究和科学类职业，如科学家、研究员、实验员等，这些职业需要进行创新性研究、解决复杂问题和发现新知识。社会服务和公共事务类职业，如社工、志愿者、公务员等，这些职业需要关注社会问题、提供公共服务和维护社会秩序。

总结而言，在 AI 时代下，不可替代性强的职业通常具有以下特点：

（1）创造力和创新能力：这些职业需要具备独特的创造力和创新能力，能够提出新的想法、解决问题和创造新的产品或服务。

（2）情感智能和人际交往能力：这些职业需要具备高度的情感智能和人际交往能力，能够理解和处理人类情感，并与人建立深入的关系。

（3）专业知识和技能：这些职业需要具备深厚的专业知识和技能，能够提供高度专业化的服务。

（4）复杂问题解决能力：这些职业需要具备解决复杂问题的能力，能够分析和理解复杂的情境，并制订有效的解决方案。

（5）领导和管理能力：这些职业需要具备领导和管理团队的能力，能够有效地组织和管理资源，实现组织的目标。

（6）伦理和道德判断能力：这些职业需要具备高度的伦理和道德判断能力，能够在复杂的情境中做出正确的决策。

尽管这些职业在 AI 时代可能相对不容易被替代，但并不意味着它们完全不受 AI 技术的影响。AI 技术可能会改变这些职业的工作方式和需求。所以，作为年轻人，**我们要尽快把 AI 技术应用到自己的学习、工作、生活中，拥抱变化，与 AI 同行**。具体要做到以下几点：

（1）持续学习和提升技能：AI 技术的发展日新月异，因此需要不断学习新知识和技能，以保持竞争力。可以通过参加培训课程、在线学习、阅读专业书籍等方式来提升自己的技能。

（2）培养跨学科能力：AI 技术的应用涉及多个领域，因此具备跨学科能力将更具竞争力。可以尝试学习与 AI 相关的其他领域知识，如数据科学、机器学习、自然语言处理等。

（3）强调人际交往和沟通能力：虽然 AI 技术可以完成许多重复性工作，但人际交往和沟通能力仍然是不可或缺的。因此，需要注重培养良好的沟通技巧和团队合作能力。

（4）寻找与 AI 技术结合的岗位：AI 技术的应用正在不断扩大，因此可以寻找与 AI 技术结合的岗位，如数据分析师、AI 工程师、智能系统设计师等。这些岗位将更加有前景和发展空间。

（5）关注行业趋势和创新：AI 技术的发展速度非常快，因此需要密切关注行业趋势和创新动态。可以通过参加行业会议、加入专业组织、关注相关媒体等方式来获取最新的信息。

（6）建立个人品牌和网络影响力：在 AI 时代，个人品牌和网络影响力非常重要。可以通过撰写博客、参与社交媒体讨论、分享专业知识等方式来建立个人品牌和扩大网络影响力。

（7）寻求终身学习机会：AI 技术的发展将不断改变职业需求，因此需要寻求终身学习机会，以适应不断变化的工作环境。可以考虑参加继续教育课程、获得认证证书等方式来不断提升自己的能力。

第 3 章

能力跃迁：通过实习实践重新发掘自我

经历了初入大学的彷徨，小六月深入探索了自己的专业特点，认知了职业世界后，在专业分流时坚定地选择了铁路运输专业，同时根据兴趣爱好加入了社团，也在学生会的工作中锻炼了能力。大二学年来临，专业课程学习难度加大，社团和学生会的事项逐渐增多，听学长学姐说最好早点去企业实习，自己也想尝试参加一些科研竞赛和其他丰富的校园活动，这么多活动到底该如何选择呢？

3.1 π 型人才的成长策略

3.1.1 社会人才需求模型

生涯规划课上,顾老师邀请到知名企业 HR——李总,开展现场访谈对话。李总有丰富的招聘经验,还长期策划组织开展企业新员工的培训,对于社会所需应届毕业生的技能与素质要求有着更加准确、切合的看法和总结。

顾老师:"李总,您如何看待目前大学毕业生的工作情况?"

李总:"许多年轻的员工,尤其是满怀激情上岗的大学毕业生,刚开始都会觉得很多岗位的工作内容有些乏味,日复一日、年复一年,比较枯燥、烦琐。这些员工在工作了一段时间后就会失去热情,觉得自己做这种工作太大材小用了。但是,很少有人反思自己是否已经把工作做到了最好。"

"现实的职场生活并不像电影、电视剧中表演的那样跌宕起伏、丰富多彩,我们从事的工作没有那么戏剧性,甚至于日日、周周、月月都是毫无新意的重复,时间久些,便会产生厌倦,这也是初入职场的新手频繁跳槽,而处境越来越糟的重要原因。任何初入职场的新手都必须在明确一个组织到底需要什么样的人才的基础之上,经过一个较长时间的修炼与沉淀,才能够真正提升硬本领、加强软实力、激发内驱力。这个积累的过程,也是学习的过程,更是想通过跳槽升职、加薪的基础。"

顾老师:"那您觉得什么样的员工才是对企业长远发展最有价值和贡献的人才?"

李总的回答充满对年轻人的期盼:"我们公司老员工走了,新员工又来了,无数的个案证明,只有那些把简单的事务做到极致,总结出模板、操作步骤,而又乐于分享的员工才有迎接更多挑战性工作和快速发展的可能，也才更有未来。同样，这样的员工对于任何公司来说都是最有价值的员工。"

顾老师："如果总结一下咱们社会和企业人才需求的模型，会是什么样的？"

李总："当代社会需求的是π型人才，π是由一横和两条腿组成的，其中一条腿代表着热情技能，也就是同学们的热爱所在，另外一条腿是专业技能，所以专业知识是很重要的、必不可缺的能力。π最上面的那一横，指的是通用素质，通用素质连接了专业技能和热情技能，所以π型人才指的不仅仅是专业和知识的复合人才，而是要能两条腿兼顾、高智商高情商结合，高能力和发展潜力结合的复合人才（如图 3-1 所示）。"

图 3-1　π型人才图解

第3章 能力跃迁：通过实习实践重新发掘自我

顾老师："非常感谢李总带给我们的职场信息，对同学们非常有帮助。现在，同学们还有什么问题要咨询李总的吗？"

小六月举起了手："李总，刚才您讲解的π型人才模型中提到专业技能，我现在感觉专业学习有点吃力，该怎么提升学习成绩，提升专业技能呢？"

李总耐心地回答小六月："其实影响学业成绩的因素是多种多样的，比如说学业基础、学习方法、学习氛围、时间管理能力、经济和身体健康状况等现实中客观的影响因素，还有学习动机、家庭及外界压力、学业拖延心理、自我认知等心理层面的影响因素。小六月你目前主要是客观方面遇到了困难，找不到合适的方法，还是心理层面比如说压力呀、态度等方面的问题呢？"

小六月："根据您清晰列出的这些影响因素，我觉得我现在面临的主要是客观方面的问题。确实，在优秀的同学之中学习让我感受到一些压力，尤其是大一的时候，心理上受到的影响较大，不过，现在我明白继续学习在大学中的重要性，并且非常想学好，所以我认为更多的问题还是在于方法上的欠缺。"

李总："你也不要有太大的压力，大学生遇到学业问题是很正常的现象，想要提升专业的学业成绩，首先要培养专业兴趣，增强专业认同，兴趣才是最好的老师，就像π型人才模型的另一条腿。"

小六月："那我如何才能够培养兴趣呢？"

李总："现在互联网非常发达，你可以通过网络的一些信息化平台，了解一下你的学科和专业领域的研究内容、方向、学术前沿动态等资讯，看看大牛们最新的成果和经历。也可以往深度扩展，阅读专业的文献，尝试与所学专业教师交流观点，倾听教师见解，在交流之中找到自己的兴趣点。当然，学校和学院也会定期组织一些培养专业能力的活动和社会实践团，能够帮助你深入了解所学学科专业。除了兴趣培养，提升情绪管理、生活技能、人际交往以及自控力等自我管理能力对于提升成绩也是很必要的，这些能力基本上都是你从小到大在日常学习和生活中锻炼形成的。当然，来到大学中也应该继续提升这些能力，尤其是抓住机会通过参加学校举办的各种培训来提升。也就是说，想要提升学业成绩，要培养兴趣，提升专业所需的各类相关联的能力，包括计划力、分析能力、数学能力、信息技术能力、问题解决能力等，拥有诸如时间管理、大学生领导力、团队协作能力等通用素质和能力,在三种技能相辅相成中成为π型人才。"

小六月:"谢谢您的讲解,我受益匪浅!"

顾老师转向同学们说道:"关于李总提到π型人才,后面的课程中将会带领同学们深入学习提升三种技能的方式方法,让我们一起期待吧。"

小六月在这次职业生涯规划课后,积极广泛地阅读本专业的资讯、书籍,同时把握上课时间高效地进行学习,遇到问题积极主动地与老师、同学探讨,有自己独立的思考,对于学习,小六月也渐入佳境。

3.1.2　能力修炼的三三法则

生涯规划课上,顾老师详细讲解了专业技能和通用素质提升的方式方法。

1. 专业技能的提升

专业技能从概念上定义,是从业人员从事职业活动、接受职业教育培训和职业技能鉴定的主要依据,也是衡量劳动者从业资格和能力的重要尺度。通俗地理解,其实就是不同职业和行业所需要的有差异化的知识和本领。

工作职能通常可以划分为五大类型(如图3-2所示),分别是营销、管理、技术、支撑、专业服务,营销类包含了市场、销售、运营;管理类包括产品管理、项目管理等;技术类包括研发、工程、运维、开发、设计等;支撑类指无论什么行业都需要的职能,比如财务、人力资源、行政等;专业服务类是指律师、教师、医生等。不同的工作职能所需要的专业技能也是不同的,比如营销类职能需要具备管理学、微观经济学、统计学、管理信息系统、消费者行为学等方面的知识和技能等;支撑类职能需要如社会学概论、组织行为学、人力资源管理、行政学原理等方面的知识和技能。当然,不同职业所需的专业技能不同,需要具体职业具体分析。

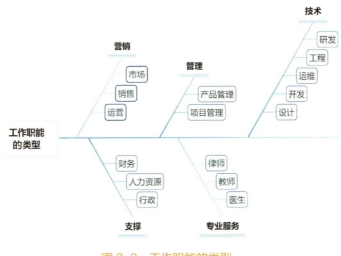

图 3-2　工作职能的类型

专业技能的提升可以遵循三个法则——构建系统、联系实际、保持开放（如图 3-3 所示）。

法则一是**构建系统**，指的是无论什么专业，在大学期间都需要构建专业知识体系。不同于高中的通识课程，大学不同专业之间隔行如隔山。每个领域、每个岗位都有自己的专业知识体系，提升专业技能首先就要有扎实的专业知识基础，无论是理论课还是实践课，都要认真参与每一个学习环节，学习和更新专业知识，不断提高自己的专业素养。大学里也不能对学习掉以轻心，基础知识永远是基石。

法则二是**联系实际**，就是要思想专业化，把被动的学习转化为主动的思考，在自己的领域，我们要主动思考"是什么、为什么、怎么做、怎么样"，不能人云亦云，要通过自己的学习与思考，结合工作实际，运用专业知识，在实际工作中发挥自己的专业能力，培养自己的专业精神。例如，一位车辆工程专业的同学，想要真正把这个专业学好，除了课上掌握系统的知识以外，还要在生活中经常联系实际。再如，一位软件工程专业的学生，学习了那么多编程语言之后，在看到微信小程序的时候，可以有意识地去思考这些功能是如何实现的，技术难点在哪里，这样积累下来，不仅能培养编程思维，还能培养用户思维。"联系"的另一个方面，就是要善于总结方法。比起高中通识知识，大学的知识更"专",但掌握起来却并不轻松,不再是套用几个公式、背几篇作文就可以搞定的。要有意识地寻找机会锻炼,不管是校内组织的学术竞赛、科研项目,还是校外的专业实习,都是很好的锻炼机会。在锻炼中摸索和巩固知识,总结和提炼方法。不同专业的同学适用的方法并不一样,不再有"万金油"可以应用在每个人身上,所以需要同学们找机会参与不同的科研项目、工作项目、实习项目,无论是校内校外,参与完要记得进行总结,不断增加自己在这个领域的经验值。

法则三是保持开放,是指不要把自己故步自封在自己的小圈子里,可以利用校园活动或者实习的机会,多接触业内前辈,无论是刚毕业几年的学长学姐,还是行业内深耕多年的专业人员,他们具备丰富的经验和阅历,有很多的知识和技巧。多多与他们交流与沟通,了解前沿发展与行业发展,会让我们的专业能力有质的提高,帮助自己更好地成长和进步。"开放"的另一个方面是热爱专业。要想提升专业技能,如果对专业抱有抵触情绪,是很难学好的。抛开高中时期"按头学"的方式,大学阶段,对专业的兴趣是最好的动力。你会发现,大学里把专业当作负担的同学往往没办法具有很好的专业水平,而对本专业感兴趣的同学却能轻轻松松掌握专业知识,所以,需要同学们用开放的心态去接受专业,慢慢地学习它、了解它,发现它,进而热爱它。

图 3-3 专业技能的提升法则

2. 通用素质的提升

π型人才的"房顶"是通用素质,通用素质其实就是可迁移的能力,是指能够从一个岗位转到另一个岗位,或从一个行业跨到另一个行业后可复用的能力,也就是把不同工作中相通的能力萃取出来,形成通用素质。通用素质,一般包括表达沟通能力、人际交往能力、创新能力、团队合作能力、组织协调能力、时间管理能力、学习能力等。良好的通用素质是用人单位重要的择优标准,是大学生进入企业的"金钥匙",是个人事业成功的基础。

不少大学生在初入职场的时候会发现,自己的通用素质无法支撑起职场复杂的情境,这是因为通用素质的建立是需要一个打磨的过程的,如果在大学期间不进行总结与输出,通用能力就很难建立起来,只有在日常生活中把领悟到的技能融入自己的逻辑体系,通过自己的思维方式内化和输出,才能真正为你所用。所以想要提升通用素质这个软实力,必须做好充足的准备,循序渐进,遵循重构认知、刻意练习、总结复盘三法则(如图3-4所示)。

图3-4 通用素质提升的法则

首先是**重构认知**。可以通过阅读经典书籍和碎片化阅读来学到一些规则套路,网上有各类书单可以参考,但是一定要做读书笔记,把关键内容梳理出来,转化为自己的理解和认知。也可以参加培训课程,无论是线上还是线下,通用素质都有很多相应的培训课程。还要善于观察并与他人积极交流,向身边的伙伴学习。比如要提升人际交往能力,可以通过观察这个方面比你强的人是怎么做的,重构自己的认知和理解。

然后是刻意练习。丰富多彩的校园活动是提升通用素质最方便有效的方式之一。学校倡导同学们利用课余时间多多进行社会实践，有些学校甚至会将社会实践环节作为必修学分。社会实践活动与兴趣爱好和未来职业发展目标息息相关，如流浪动物救助、环保项目、垃圾分类，等等。在参加这些活动的时候，无形中就会锻炼大家的表达沟通能力、人际交往能力、创新能力、团队合作能力以及组织管理能力等。而学生工作更是机会丰富，大家可以选择参与班级管理，如担任班干部，组织管理好班集体；或者加入学生会，组织各类大大小小的活动，以学生干部的身份为学校和同学服务；再或者参与各类丰富有趣的社团，设计并组织各种兴趣活动等。策划和组织这些活动，不仅能够很好地培养社会责任感，还能够锻炼许多核心技能，如团队协作、意志力、组织能力、沟通能力，等等。除此之外，想要提高通用素质，最方便的就是依托专业学习与科研活动。无论是专业实习，还是大学里的科研项目，都是方便参与又能锻炼通用素质的方式。专业实习不仅能提升专业素养，更能培养大家解决问题的能力。通过参加科研学术活动和各类型竞赛，不仅能将理论应用于实践，更能培养大家的创新精神、创新意识、时间管理能力、统筹协调能力，等等。

最后是总结复盘。与专业技能不同，通用素质是没有标准答案的，没有试卷可以考，评价好坏也没有统一标准，所以，自我的复盘和总结就显得尤为重要。在经过一段时间的锻炼后，应进行自我反思，结合老师或同学的意见与评价，刻意练习，不断精进。从个人实实在在的经历和复盘中获得的效果是最好的。

在校大学生要努力提升自己的专业技能和通用素质，把自己培养成符合π型人才特点的复合型人才，才能使自己的职业发展上限更高！

第 3 章 能力跃迁：通过实习实践重新发掘自我

3.2 把握身边的生涯体验机会

3.2.1 有选择地参加校园活动

小六月在了解了社会人才需求后，一直勇于实践和尝试，但在这个过程中，小六月发现自己对很多事情都充满兴趣。在义务家教的志愿活动中，她发现自己很乐于引导鼓励他人；在统筹举办活动时，辅导员也常常夸奖小六月是一个有想法、有责任心的人；在专业课程学习和竞赛中，小六月也取得了一定的成绩。除了这些小六月还一直通过各种渠道，在多个领域中积极发挥、充分参与，尽情享受着各项活动的乐趣。

这天，小六月一进宿舍门，就听见室友的声音，"姐妹们，你们看新出的课表了吗？我的时间已经被课程占了一大半了，剩下可以自主安排的时间好少呀"。

小白应声说："我听说其中有几门课难度很大，老师也非常严格，想要拿到好成绩，岂不是要花很多的课下时间自己巩固练习。这样一想上课时间是在课表上显示出来了，那课后要花的时间还是不可估计的呢。"

七七："小六月，你收到社团的群消息了吗？消息说晚上要进行本学期的第一次见面会呢。"

小六月："哇，一个暑假没有见到大家了，很期待和大家见面，我赶紧把课表记下来，收拾收拾准备投入兴趣的小世界。"

在社团活动教室里，小六月热情地和大家交流着，这个社团里都是与小六月有着共同爱好的一群人，大家相互发掘对方的闪光点，一起努力，一起进步，这些仿佛使小六月将课程的压力抛之脑后了，但是团长的话又让小六月清醒了过来。

团长:"很高兴新学期再次与大家见面,有一个好消息,这学期我们将有机会代表学校参加一个比赛,所以我们要增加练习的时间,为比赛做好充足的准备,也请大家合理规划好自己的时间。"

小六月心想:参加比赛真的是一个很好的机会,但是我的安排里已经有平时要上的课和为提高成绩要进行的课外巩固练习,现在再加上额外增加的训练,那我的时间真的够用吗?

晚上躺在床上的小六月看到了一封学生会将进行换届面试的邮件,想想获得优秀理事的自己和部长寄予的厚望,小六月内心很想继续锻炼自己,又想起来学长说过最好参加一些科研竞赛。这些校园实践活动小六月都想体验一下,但每一次的尝试都需要付出时间成本并且消耗许多精力,现在面临有限的时间精力,到底该如何选择呢?这一夜小六月没想出解决方案,准备明天向经验丰富的壮壮学长请教。

小六月将自己现在面临的困惑详细地向壮壮学长讲述,希望得到一些宝贵的建议。

壮壮学长:"我明白你的想法了,其实你想要多方面锻炼自己的能力是一件很好的事,这几项活动都是提升能力和素质的好方式,并且能帮助你更加清晰地找到未来的方向。"

"除了你提到的这些活动,其实还有很多丰富多彩的有意义的校园活动,主要分为学生工作、社会实践、科研竞赛、校园文化活动、社团活动和志愿服务等。比如参加各类学术专业设计竞赛、大学生创业训练项目、专业实践,等等。"

小六月:"哇,校园生活居然可以这么丰富,学长能再继续给我讲一讲吗?"

壮壮学长:"当然可以呀,校园文化活动的形式也是多种多样的,比如文化节、讲座和社团,等等,具体的有校园文化节、校园体育节、运动会、社团文化活动、校园艺术节、图书馆文化节、学术讲座、科技创新节。丰富的校园文化活动为我们创造出了浓厚的学习氛围,一方面可以陶冶情操,另一方面能够帮助大学生找到自己的人生方向的作用,比如,我在社团里认识的学长,他就是在活动中发现了自己擅长的地方,然后不断进步、发展自己,在大学生活中展现了独特的光彩。你也可以培养和发展自己的兴趣,提升毕业后的就业竞争力。"

小六月:"学长,你介绍了好多校园活动,但是我觉得应该没办法同时参加吧?"

壮壮学长:"当然呀,虽然参加大学生的校园活动会对你产生很多正向的影响,比如可以显性地反映在学业成绩上,也有一些难以量化的隐性的个人能力发展等,但是还应该有选择地去参加校园活动。相较于高年级来说,你们大一、大二的课程安排多、时间紧,课业负担比较重,如果你想修读双专业就需要把更多的时间用在学习上。而到了大三,就有一些同学开始在社团担任重要职务,同时在课业负担已不再很重的情况下,还有些同学参与实习、社会实践调查,或是参加学习社团如读书会、英语俱乐部等,或是参加各类学术、专业、创业或设计竞赛。除此之外,考取专业资格证书、技能等级证书等也成为不少大三学生课外活动的重要选择。"

"另外,不同类型的校园活动锻炼提升的能力素质不同,学生工作的经历,可以锻炼策划能力、组织能力、协调能力、沟通能力等,还可以培养责任意识和服务意识。社会实践类活动可以帮助我们提前接触社会,获取职业信息,培养解决实际问题的能力;学科竞赛类的活动能让我们深度认知专业,提升专业水平;校园文化活动能让我们身心得到放松的同时,开阔眼界,拓宽知识面;社团活动是拓展交际的重要途径之一,也能发现、培养自己的兴趣与特长;志愿服务能培养我们社会责任感和公民意识,还能拓展多元的人脉资源。"

"课外活动贵精不贵多,参加过多的课外活动会分散我们的精力时间,影响专业学习。不能眉毛胡子一把抓，**要根据自己的时间和精力选择适合的活动，并尽量长期专注，才能在活动中发展自身潜力，不断提升综合素质和综合能力。**"

小六月："谢谢学长的分享，我会有所选择地积极参加校园活动的！"

小六月接着问道："学长，我还有最后一个问题，听说你正在参加大学生创新创业训练计划项目，还曾参加过全国大学生职业规划大赛，取得了很好的成绩，能具体介绍一下参加方式和具体要求吗？我很感兴趣。"

壮壮学长："大学生创新创业训练计划项目（简称大创）是全国性比赛，是为进一步调动大学生开展创新创业的主动性、积极性与创造性，倡导我们开展研究探索式学习，要求有自主科研创新成果。具体参加方式大概有几步，首先需要带着初步的想法去拜访寻找到自己项目的指导老师，招募项目的队友，在反复地调研和讨论之后确定项目的题目，接下来就是推进项目的进行，这可不是一件容易的事，需要花费长达一年的时间投入到这件事中。"

小六月："原来是这样，我现在刚刚接触专业课，对创新更是不知道从何处入手了，难道我只能放弃这次锻炼专业能力的机会了吗？"

壮壮学长："你也不用过于着急了，大创如果自己没有思路的也可以加入高年级学长学姐的团队一起学习。而且大创项目每年都会开展，你现在才大二，除了大创可以锻炼专业能力，还可以参加其他竞赛来进行锻炼，有些竞赛的周期相较于大创比较短。"

"大学生职业规划大赛也是全国性的比赛，是为了增强大学生的生涯规划意识，指导我们提前做好就业准备，从而未来能实现高质量就业。大赛包括成长赛道和就业赛道，低年级同学参加成长赛道，高年级同学参加就业赛道，两个赛道的评分标准有区别但也有联系，分为校赛、省赛、全国总决赛三级赛制。如果想要参加这个大赛，要全面梳理自己的过往经历，运用生涯规划和就业指导课上所学的知识理念，做出生涯规划书或就业简历，后续还有现场展示和答辩环节。"

小六月："非常感谢学长的指点，给我提供了更多的思路！"

3.2.2 抓住寒暑假实习黄金期

学校定期举办优秀学长学姐见面会活动，小六月带好笔记本积极地去参与了。参会之后小六月发现学长学姐们除了有优异的成绩、丰富的科研竞赛经历，实习经历更是他们履历之中的亮点。那么该如何成为像学长学姐一样优秀的大学生呢？小六月对这个问题陷入了深思……

分享会结束之后，大家的热情依旧不减，纷纷围住优秀的学长学姐询问请教，小六月也积极参与其中，向崇拜的优秀学姐请教。

 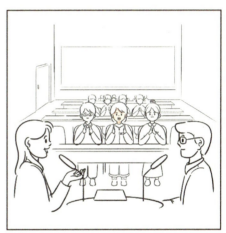

小六月："学姐你好，我刚刚听了你的分享之后，觉得你就是我的榜样，佩服你能够获得如此优秀的工作机会。"

小妍学姐："谢谢你小学妹，我能够在我现在的公司任职，很大的加分项就是我的实习经历，我相比其他求职竞争者有更多的实战经验。我在实习过程中，小到待人接物、邮件发送，大到活动组织、沟通协调等职场能力，都得到了全方位的锻炼。另外，我也在实习的过程中全面了解了自己的目标职业，深入认识到自己适合什么，因此找到非常满意的工作。可以说，实习是正式工作前的一场热身。"

小六月："哇，这样看实习真的好重要，那请问学姐，<u>我应该怎么去找实习呢？</u>"

小妍学姐:"首先是要结合自己的情况确定实习时间和方向,然后要关注实习招聘信息,根据求职岗位提前准备好简历,尽量多投简历,抓住机会。当成功入职后,尽快完成角色转换,把自己当成一个真正的职场人,以职场人的标准来要求自己,真正投入到工作中去。最后也是最重要的一点,要定期总结复盘,对收获感悟进行总结归纳,进一步内化为自身的能力素质。"

小六月:"可是我刚刚大二,现在去实习会不会太早了?另外,我的简历上也没有什么可写的,怎么办?"

小妍学姐:"首先,实习的时间永远都没有嫌早,因为在任何阶段,我们都有很多需要同时处理的事项,尤其是大二开始专业课越来越多,大三时有些同学就开始着手准备考研,所以大二年级实习也是一个不错的时间点,尤其是想要体验多段实习,就要提前规划好实习时间,我的第一份实习就是在大二寒假开展的。"

"至于你提到的简历上没有太多的经历可写,这对低年级同学是非常正常的,可以放一些自己跟岗位相匹配的特质,比如兴趣、能力、特长等,可以放一些相关的专业课程,还有相关的技能证书,也可以放上自己在校的经历等。同时,根据不同求职岗位突出强调不同的经历,比如,对沟通能力要求比较高的招聘岗位,可以强调自己在校参与社团活动是如何沟通交流的,如果有兼职等经历都可以放上去,甚至以前高中如果有相关的经历也可以放上去。"

小六月:"那怎么找到实习招聘信息呢?"

小妍学姐:"学校每年会组织实习双选会,就业官方网站会不定期发布一些实习信息,辅导员老师也会有一些实习信息给到大家,再就是学长学姐们实习或工作的企业推荐,也可以从专业的招聘网站,比如智联招聘、BOSS直聘、应届生、实习僧等网站,或者企业官方网站找到实习信息。"

小六月:"实习招聘信息那么多,要怎么选择?"

小妍学姐:"在寻找实习前,可以想一想自己未来希望从事什么样的工作?所学专业未来可能进入哪些领域的企业?自己想从事的工作岗位是什么?最好寻找与自己未来想要从事职业相关的实习,这样的实习更能为将来的就业提升竞争力。当然,如果还没有明确的未来职业方向,也可以选择自己感兴趣的特别想要了解的领域。"

小六月："那实习的公司是否知名是不是很重要？如果我没找到知名公司的实习，名不见经传的小公司实习是不是没法给自己的简历增砖添瓦？"

小妍学姐："咱们大学生选择实习，主要目的是获得职场锻炼，提升自我，认识社会，因此，不能眼高手低。虽然知名企业的平台更大，得到的锻炼更多，但小公司也是真实的职场环境，简历中有实习经历总比没有实习经历好呀。而且，有了小公司的实习经历后才能更好地向知名企业申请实习，我在找到500强企业实习之前也是在两个小公司积累实习经验的。另外，有时候在小公司里面有可能会获得更多的资源和锻炼，比如我之前在小公司实习时，部门领导非常重视我，给了我很多的机会和很大的平台，因此，我能得到充分的锻炼，成长也是最快的。"

小六月："哦哦，我明白了，那在什么时间实习最好呢？"

小妍学姐："每个公司对实习时间的要求不完全一样，一般要求3~5天，最好寒暑假时间去实习，因为这段时间我们没有课业压力，有充裕的时间全身心投入到实习中去，既能保证实习时间又能保证实习效果。"

小六月听从了学姐的建议，在寒假和暑假期间，分别找了两份实习工作，非常积极认真地投入到实习工作中去。工作结果都得到了部门领导的认可，小六月自己也受益匪浅。

3.3　重新认知并审视自我

3.3.1　闪光时刻背后的热爱与坚持

新年总结成为现在年轻人的一种新年活动，小六月的朋友圈里充满了同学们对过往一年的总结以及新年的向往。有的同学晒出满绩的成绩单，表明自己在学业上的付出是有所收获的;有的同学做了一个总结视频,里面是他组织举办的所有活动的合集,是对于自己努力成果的展示;有的同学列出了自己参与的竞赛,展现自己在特长方面的天赋与努力……

小六月一边替同学们高兴,一边又陷入了深深的自我怀疑与矛盾:我这一年有什么收获呢?我的闪光点在哪里呢?我也忙忙碌碌了一年参加了各种活动,在小妍学姐的指导下也顺利找到了实习,但是怎么在想写总结的时候,我却不知道什么是我最擅长的,有些无从下笔了……

室友七七看到盯着手机愁眉苦脸的小六月,连忙来关心询问。

七七:"小六月,你为什么事愁成这样啊?"

小六月:"我感觉自己忙忙碌碌了一年,但是在总结的时候却不知道自己的闪光时刻是什么。看到其他同学都有好多闪光时刻,我有点自愧不如。比如我有一个同乡的学姐,她连续三年的综合成绩名列前茅,获得了保研资格;学姐的同学反复修改的论文终于被 SCI 期刊接收了;我们社团的会长参加大学生互联网+创新创业大赛获得二等奖;另外,有的同学获得了三好学生荣誉,有的收到了心仪的实习 offer……而我现在也没有什么巨大人生目标的实现。"

七七:"你是不是对于闪光时刻的事件定位过高了呢?比如我的闪光时刻就是今年非常努力地复习英语六级考试,终于二战六级成功了。虽然对很多同学来说，英语六级考试通过并没有那么难，但于我而言是个不小的挑战，因为我本身英语不好，通过自己的努力获得小小的进步，坚持复习迈过这个槛，就是我的闪光时刻了呢。"

小六月："哦哦，那也就是说，闪光时刻可以是生活中平平淡淡的日常，就是那些自己做过的，自认为比较成功或是感觉很不错的事情，不用追求完美。"

七七："嗯嗯，这些事件不一定是学业上的，也可以是课外的活动、业余的生活等。成就也不一定就是惊天动地的大事情，也可能只是一次默默获得的胜利，比如组织了社团活动，帮助好友及时解决了问题，修好了坏掉的电脑，坚持锻炼身体，等等，这些都可以成为一个闪光事件。只要它们符合以下的两条标准，**一是你喜欢做这件事时体验到的感受，二是你为完成它而感到自豪**。别人对这件事情的认可或表扬，不作为衡量这件事情是否成为闪光事件的标准，所有的标准都来自自己，是近乎完全主观的评价呢。"

小六月："谢谢七七的指点，我现在觉得没那么迷茫了，我现在回想这一年，我的闪光时刻是独自完成了一个火车模型的设计和拼装。当时刚刚上完交通运输设备的课程，再加上我对火车非常感兴趣，所以决定通过自己的能力来设计和制作一个火车模型。为了实现我的目标，我进行了大量的研究，了解火车的构造和设计原则以及模型制作的专业知识，阅读了相关书籍和文章，也上网查找了大量资料。在设计过程中我用 CAD 软件画出设计图，并考虑模型特点不断修改完善。设计图出炉后，我精心挑选了所需材料，联系厂家进行定制，顺利完成了采购工作，并亲自动手进行拼装。最终，通过不断尝试和细节把控，我完成了我的火车模型。它不仅外观精美，而且体现了我的设计巧思。每次看到摆在我书桌上的成品，我都能回忆起当时全身心投入制作工作中的充实和成品完工那一瞬间的骄傲。"

"小六月，听了你的闪光时刻，我觉得你的设计、动手能力很突出呀，而且感觉你对所学的铁路运输专业也很感兴趣，咱俩用这张图梳理一下闪光时刻背后的能力和兴趣吧，这张图是前几天我们社团年终总结时用到的，我觉得非常有帮助。"七七一边说一边给小六月展示了一张图片（如图 3-5 所示）。

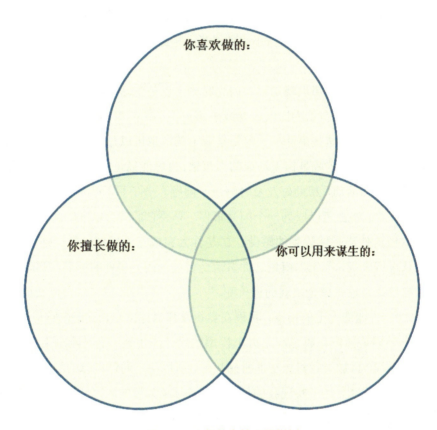

图 3-5　兴趣能力梳理图样例

"这张图的使用方法很简单,我们先总结每一个闪光时刻背后凸显的能力,然后再把这些能力归类为喜欢做、擅长做和可以用来谋生的三类,找到这三类能力的交叉点,就是我们最值得重点培养和发展的能力了。这些能力既能满足我们现实生存的需要,又能让我们获得身心的愉悦,是我们未来最重要的职业能力,要在大学期间有意识地不断提升。"

"我当时梳理出来交叉在中间的能力是循循善诱、沟通表达,小伙伴们都开玩笑说我将来能成为好老师呢!小六月,你也试试看。"

小六月完成了自己的兴趣能力梳理图(如图 3-6 所示)。

七七:"小六月你看,我们都同样很优秀,这些闪光时刻背后是我们的坚持与热爱,对我们的成长和发展非常有意义。我们都应该以积极平和的心态正视自

第3章 能力跃迁：通过实习实践重新发掘自我

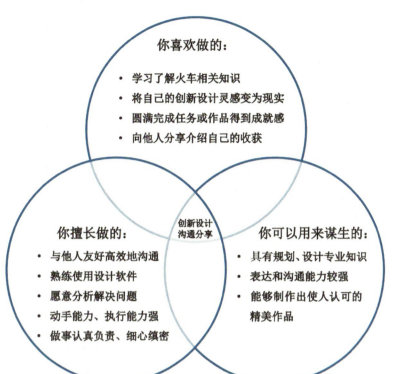

图 3-6　小六月的兴趣能力梳理图

己的每一段经历，鼓励和肯定自己，然后继续努力发掘自己的闪光点，创造更多的闪光时刻。"

小六月一个劲地点头："嗯嗯嗯嗯，说得太好了，七七，你果然有成为循循善诱好老师的潜质。"

3.3.2　探寻我的人生主题词

学校的就业与创业指导中心最近开展了一系列的生涯发展活动，同学们纷纷报名参加，小六月也不例外，今天组织的活动主题是"探寻我的人生主题词"，来参加的同学们已经早早到了活动的教室，在讨论和期待中等待就业导师顾老师的到来。顾老师一进来，全场就响起了热烈的掌声。

大学生涯闯关记

"谢谢同学们的掌声，我们马上开始今天的活动！"顾老师说道："同学们可以想一想，在你过去的人生中，有没有哪些生涯事件让你感觉很有成就感，事件的过程让你感觉很享受其中。也许它对别人来说是微不足道的小事，但对你来说它有着独特的意义。你能想起多少件这样的事情？"

小六月想起前几天总结的自己的闪光时刻，这对小六月来说就具有独特的意义。

顾老师："无数的心理学理论和生涯发展理论都认同一个观点——人是追求生命意义的，人的一生总是有意或无意地沿着自己内心的生命意义在演进。如果你的人生正在实践着你认同的那个意义感，你就会感觉更充实、更满足、更有自我价值感，有更多的美好体验。"

"闪光时刻就是那些你感觉充实、满足、自我价值感高的事情，让你享受其中似乎忘了时间的事情，让你觉得很有成就感的事件，这些时刻都代表着你正在追随着你自己的意义。"

顾老师接着说道："**每个人的内心都对生命意义有自己独特的观点，生命意义是生涯的最强指南针，而符合你生命意义的关键内容就是你的人生主题词。**古有'安得广厦千万间，大庇天下寒士俱欢颜''人生自古谁无死，留取丹心照汗青'；后有为新中国的建立抛头颅洒热血的英雄烈士，践行着'为中国人民谋幸福，为中华民族谋复兴'的初心和使命。同学们，你们所追求的人生意义是什么呢？接下来，让我们通过两个小练习来找寻自己的人生关键词，去感受自己生命意义的实现吧！"

练习一

顾老师："首先，每人需要准备七张卡片，每张卡片上只写一个意义事件，一共写七个。请同学们回忆从小到大的人生中所有难忘的意义事件，它们让你感觉有成就感，让你感觉享受其中甚至迷恋其中，让你觉得自己很有价值……请注意，无论别人觉得这件事是否值得骄傲或值得自豪，都不重要，只要你感觉它对你来说是独特的就可以，要求是：每件事都需要是围绕你发生的，你是事件的直接参与者，你在其中做了一些事情。"

"然后，为每个意义事件起个简单的标题，再简单描述一下事件的关键点。

"第二步比较关键，要从每个意义事件中寻找让你觉得有意义的那些'元素'。你可以问自己：在这件事中，是哪个部分让我感觉最为自豪？是哪个部分让我特别享受其中？最有成就感？哪个部分让我感觉有独特的意义？然后用不同颜色的笔在意义事件的描述中圈出这些关键词或者另外标注出来。最后，将这些关键词分类。"

"第三步是个高潮，你需要试着去寻找你的'生涯主题'。你需要从你写下来的关键词和分类中深入思考和挖掘：你觉得有什么是从小到大一直贯穿在你人生中的内容？那些让你有成就感的元素之间有什么内在联系？让你感觉有意义的事情彼此有什么一致的地方？如果你确实感觉它们彼此之间没什么联系，那放在一边，也许你的人生就是在追求很多不同的主题，又或者未来的某个时刻，你会有自发的感悟，只是现在还没有准备好。"

按照顾老师所说的步骤，小六月首先将前几天自己总结出的闪光时刻依次写在了卡片上，作为自己的意义事件。然后小六月对这些事件的关键词进行了归纳思考，寻找其中反复出现具有一致性的词语。最后她总结出最重要的三点：通过交流沟通与他人和外界保持连接；喜欢完成能够展现自己的创新性想法、更具有实践性的任务；在专业领域有所建树；保持终身学习的习惯和能力，不断提高自己，掌握更多过硬本领。

练习二

顾老师："在练习二中，我们将通过对成长楷模的分析来找到我们各自的生涯主题。请大家回忆一下，从小到大中，有没有什么激励着你或曾经激励过你的榜样？他可以是社会上的某个名人，可以是你身边的亲人朋友，还可以是电视剧、电影、小说、漫画等文艺作品中虚构的人物。他可以是历史人物，也可以是现当代人物。你崇拜或欣赏他们，希望自己能像他们一样。比如说你喜欢某位主持人，你想成为像她一样优秀的主持人；又或者因为你的父亲母亲是光荣的共产党员，为人民服务，你也想向他们学习；或者是你崇拜科学家的伟大贡献，一步一步努力学习靠近榜样；这些都是我们前进的动力。"

跟随着顾老师的引导，小六月静下心来默默回想自己所知的人物，三个名字很快涌上心头。苹果公司的创始人乔布斯、杰出的铁路工程师詹天佑以及因发现

大学生涯闯关记

青蒿素获得诺贝尔奖的屠呦呦。小六月心中有了答案,继续跟随着顾老师的指引。

顾老师:"首先,大家需要准备3~5张卡片纸,在每张卡片上写下一个你欣赏或崇拜榜样的名字,然后用3~5个关键词或几句话描述你欣赏或崇拜他的哪些特点。即使你和别的同学有同一个榜样,你们欣赏或崇拜他的点也不一定相同。因此,请一定要仔细思考是他的什么特点让你欣赏或崇拜,如果感到难以抽象成某个词语,也可以用他做过的事情来描述。"

小六月裁出了三张卡片,将三位心中楷模的名字写了上去,同时思索着他们身上的特质:乔布斯是一个极具创新精神的企业家,不仅在科技领域有着卓越的成就,还对设计、营销等方面有独到的见解;詹天佑是一位杰出的工程师,他主持修建了中国第一条铁路——京张铁路,展现出了非凡的才华和毅力;屠呦呦是一位为人类健康事业做出巨大贡献的科学家,她发现了青蒿素,为抵抗疟疾做出了重要的贡献。在三位楷模的名字下面,小六月将热爱祖国、具有创新精神、才华横溢、坚持不懈、刻苦钻研、关注人类福祉等关键词语写了上去,期待着顾老师的下一步指示。

顾老师:"现在,把这些楷模让你欣赏或崇拜的关键点提取出来,寻找其中的联系。这些楷模身上有什么共同的特质吗?他们面临自己的人生有怎样的态度?他们遇到困难会如何应对?这些特点中有什么一以贯之的内容吗?可以用不同颜色的笔在卡片上圈出来。这些点就投射了我们期待自己能拥有的人生态度或智慧,或者我们希望自己的人生如何度过,也就是反映了我们的'人生关键词'。"

小六月发现这三个人的共性特质包括:在各自的领域中践行创新精神、具有顶尖的专业才华以及拥有强大的毅力。她开始思考这些特质与自己的人生追求的联系。她认为自己也应该具备创新精神,勇于尝试新事物,不断提升自己的能力和见识。同时,她也认为自己需要具备才华和毅力,在追求自己的梦想时坚持不懈,克服各种困难。最终,小六月得到了自己的人生关键词:依靠坚持不懈的强大毅力,使自己拥有高水平专业才能,并在不断创新中转化为造福社会的成果。

最后,顾老师总结道:"同学们总结出来的这些人生关键词就是我们自己的人生使命,每个人来到这个世界上都是与众不同,独一无二的,使命是我们存在于这个世界的理由和价值,这些人生关键词揭示出'我想要成为什么样的人,想为谁创造价值,以及创造什么样的价值'。"

3.3.3 生命中那些重要的人和事

今天学校就业与创业指导中心组织的生涯发展活动主题是"生命中那些重要的人和事",活动开始前,顾老师先讲述了婷婷学姐的故事。

顾老师:"同学们,在今天的活动开始前,我们先来帮助婷婷学姐做个选择,婷婷学姐是英语专业的大四毕业生,她可选择的就业岗位很多,父母建议她去考公务员,认为公务员工作稳定,也希望她在仕途上有所发展;专业课老师建议她去做翻译,认为年轻人要多奋斗,在专业方面不断精进;同学则建议她去外企,既锻炼自己,又有出国的机会。她自己想当老师,既可以帮助别人又有寒暑假。那面对这么多的选项,她该怎么选择呢?"

同学们七嘴八舌地出起了主意:有的同学说听父母的话总没错;有的同学说去外企平台大,未来发展更广阔;有的同学建议遵从自己的想法……

顾老师拍手示意同学们安静下来,"在我们帮助婷婷学姐前,我们先来做三个小测试。"顾老师一边说一边给同学们发放了三张表格,第一张表格是人生价值清单表,第二张表格是我喜欢的生活方式清单表,第三张表格是我愿意从事的工作需求清单表。

顾老师说道:"同学们,请思考一下,你觉得一辈子对你最重要的是什么?对'人生价值清单表'(见表3-1)中的20项按照重要程度1~10分打分,越重要分数越高;再想象一下,10年后,假如你能够拥有理想的生活状态,对'我喜欢的生活方式清单表'(见表3-2)中所有的项目按照重要程度1~10分打分,越重要分数越高;最后想象一下,假如你现在要开始找一份工作,你理想中的工作具备哪些条件,对'我愿意从事的工作需求清单表'(见表3-3)中所有项目按照重要程度1~10分打分,越重要分数越高。"

表 3-1　人生价值清单表

项目	重要程度 （1～10 分）
有一个幸福美满的家庭	
赚大钱	
健康而长寿	
持续学习	
有一些知心朋友	
从事自己感兴趣又可发挥专长的工作	
有一栋舒适又漂亮的房子	
成为国家公务员	
有充裕的金钱与休闲时间	
拥有完美的爱情	
和喜欢的人长久相伴	
拥有自己的公司	
到处旅游，体验不同的生活方式	
成立慈善机构，服务他人	
享受结交新朋友的乐趣	
工作富有挑战性和创造性	
成为名人	
随心所欲地布置自己的生活环境	
无拘无束地生活	
具有一定的社会声望	

第3章 能力跃迁：通过实习实践重新发掘自我

表 3-2　我喜欢的生活方式清单表

项目	重要程度 （1～10 分）	项目	重要程度 （1～10 分）
住在繁华的都市		能够自由支配自己的时间	
住在宁静的乡村		每天按时上下班	
居住在文化水平较高的社区		有充裕的时间做自己感兴趣的事情	
居住在小孩上学方便的地方		坚持运动、强身健体	
定居在某个地方		工作之余参加社会活动	
担任管理职务		参与志愿活动	
吸收新知识，充实自己		每天有固定的时间和家人相处	
贡献自己所能，服务社会		和家人共享假期	
生活富有挑战性、创造性		积极参与社区活动	
有较高的社会声望		经常旅行，扩展视野	
拥有宽广、舒适的生活空间		和父母生活在一起，承欢膝下	
工作稳定，有保障		和妻子（丈夫）孩子生活在一起	
拥有较高的经济收入		有时间辅导孩子的作业	
有高效率的工作伙伴		有密切交往的好朋友	
能自由支配金钱		每个月有固定的存款	

表 3-3　我愿意从事的工作需求清单表

序号	项目	重要程度 （1～10 分）	项目解释说明
1	利他主义		工作的目的和价值在于直接为大众的幸福和利益尽一份力
2	美感追求		工作的目的和价值在于能不断地追求美的东西，得到美的享受

续表

序号	项目	重要程度（1～10分）	项目解释说明
3	智力激发		工作的目的和价值在于不断进行智力的操作，动脑思考，创造发明，学习以及探索新事物，解决新问题
4	成就满足		工作的目的和价值在于不断创新，不断取得成就，不断得到领导和同事的赞扬，或不断实现自己想要做的事
5	独立自主		工作的目的和价值在于能充分发挥自己的独立性和主动性，按自己的方式、想法和步调去做，不受他人的干扰
6	声望地位		工作的目的和价值在于所从事的工作在人们心目中有较高的社会地位，从而使自己得到人们的重视与尊敬
7	管理权力		工作的目的和价值在于获得对他人或某事物的管理支配权，能指挥和调遣一定范围内的人或事物
8	经济报酬		工作的目的和价值在于获得优厚的报酬，使自己有足够的财力去获得自己想要的东西，使生活过得较为富足
9	社会交往		工作的目的和价值在于能和各种人交往，建立比较广泛的社会联系和关系，甚至能和知名人物结识
10	环境舒适		希望能将工作作为一种消遣、休息或享受的形式，追求比较舒适、轻松、自由、优越的工作条件和环境
11	安全稳定		不管自己能力怎样，希望在工作中有安稳的局面，不因奖金、工资、调动工作或领导训斥等提心吊胆、心烦意乱
12	人际关系		希望一起工作的领导和同事人品好，相处在一起愉快、自然，认为这就是很有价值的事情，是一种极大的满足
13	新意变化		希望工作的内容经常变化，使工作和生活显得丰富多彩，不单调枯燥

第 3 章 能力跃迁：通过实习实践重新发掘自我

续表

序号	项目	重要程度 （1～10分）	项目解释说明
14	平衡工作和家庭		希望工作和家庭不冲突，或能够平衡家庭和工作，照顾家人
15	提高行业的世界竞争力		希望工作能推动行业发展前进，提高行业的竞争力
16	解决凸显的社会问题		工作的价值和目的在于能解决社会突出的矛盾或问题

同学们都认真地思考起来，并分别完成了三张清单表的打分。

顾老师询问道："请同学们首先分别从三张清单表中选出对你来说最重要的三个选项，也就是打分最高的三个选项，思考选择的原因，然后看看有什么区别和联系？假如只能留下一个最重要的选项，那是什么？为什么？"

小六月："顾老师，在三张清单表中我最高分值的选项有相同的，也有不同的。相同的是能够有一个满意、感兴趣的工作，真正地发挥自己的专长，同时兼顾家庭和伴侣，不同的是能够和朋友们相处愉快，在工作中也希望参与到一个良好氛围的团队之中，同时希望有一个较为稳定的工作。如果只能留下一个选项，人生价值清单我会留下从事自己感兴趣又可以发挥专长的工作，生活方式清单留下工作稳定、有保障，工作需求清单留下平衡家庭，因为我希望自己能够从事的工作是自己感兴趣且擅长的，这样能够在该领域有一个更好的前景和发展，做出取舍的话希望能够有一个稳定且有保障的工作，这样可以更好地兼顾家庭和生活。"

顾老师问："看来小六月对未来的工作情况很是关注，其他同学有跟小六月是不同选择的吗？"

同学们纷纷点头并举手分享，有的说自己看重的是安全稳定，有的说自己更看重平衡家庭，有的说自己更看重挑战度、创造性等。

顾老师："刚刚我们做的这些选择是我们个人价值观的澄清，所谓价值观是指一个人对周围的客观事物的意义、重要性的总体评价和看法，也就是我们认为重要的人、事、物，个体价值观反映在职业上就是职业价值观。人生价值清单表是我们人生价值观的体现，我愿意从事的工作需求清单是我们职业价值观的体现。"

"我们每个人都有自己独特的价值观和价值观体系，也就是说每个人的重要职业价值观的内容及其排序是因人而异的，剖析自己的价值观，可以找到我们努力学习的动力和意义，了解自己内心真正的追求。"

"当我们了解了自己内心真正看重什么的时候，我们面临多种选择时就不再纠结，可以说价值观是指引个人做出有效选择的指南针。在职业发展过程中，一个人越清楚自己的职业价值观，越了解自己在工作和生活中想要寻求什么、什么对自己来说是最重要的，他的职业生涯发展目标也就越清晰。"

"我们再回到婷婷学姐的故事，父母、老师和朋友的建议背后，隐含着每个人秉持的独特职业价值观。父母的职业价值观可以理解为：稳定、社会地位；老师的职业价值观可以理解为：智力激发、成功感，朋友的职业价值观是智力激发和经济报酬，而她自己的职业价值观是利他主义和轻松舒适。如果她要在这些不同的选项里做出选择，就要评估自己现有的价值观和来自他人的价值观，哪个对自己来说更重要、更有意义。"

顾老师接着问道："同学们，你们觉得真实的价值观真的就这么简单选出来就行了吗？"

"价值观应该会变化吧！"

"这么简单就选出来好像不太对呢！"

"也许还有其他的方法印证一下！"

……

顾老师："刚刚我们做的价值观选择只是初步探寻，真实的价值观绝不是这么简单选择出来的。你们现在还没有足够的生活经验，还不能真正探索出自己的价值观。有时候，人们会出于想象来看待自己的价值观，但实际工作与现实生活的积累体验才是形成价值观的真正土壤。"

小六月："顾老师，那么我们该如何在实际生活与工作中去真正探寻自己的价值观呢？"

顾老师："这是一个很好的问题。首先，价值观是在实际工作与现实生活的积累体验中产生并逐渐形成的。所以，我建议你们多去尝试各种不同的工作与生活体验，从中去感受自己的价值观。我们需要倾听自己内心的声音，了解自己真正看重的东西。但这并不意味着我们要完全忽视外界的影响。在职业发展中，我们需要不断了解职业和组织的需要，保持开放的心态，与外界环境互动，获取平衡。例如，大一的王同学在进入大学前，非常看重独立、认可和成就感。进入大学后，当他投身到学生工作和社会实践工作中后，逐渐发现'众人拾柴火焰高'，大家一起工作的成果要优于一个人独立工作，来自学长以及老师的帮助、指导极大地提升了他的工作效率。于是，他慢慢看重同事相处、人际支持、认可和成就感。可见，王同学的价值观随着他的成长经历发生了变化。"

顾老师："**每个人的职业发展都是一个自我与环境互动的过程，在这个过程中，我们的价值观会随着知识和经验的积累而不断改变。**"

小六月："顾老师，我们应该如何在这个过程中澄清自己的价值观呢？"

顾老师："首先，你需要深入思考自己真正看重的东西，并勇敢地按照自己的价值观行事，'听从自己内心的声音'，顺势而为，勇于实践。然后，你需要保持开放的心态，不断了解职业和组织的需要，与外界环境互动，以获取平衡。"

最后，顾老师提示大家：生理上认为，人体的细胞每七年就会完成一次整体的新陈代谢，所以"七年之痒"是有科学依据的，这也从侧面说明我们人的一生，无论是生理上还是心理上，都在不断地变化中。因此，我们要不断地发掘自我，深入了解自我。在深度认知自己的方法上，推荐多尝试、多总结、做测评、360度评估、定期重新认知五种方式（如图3-7所示）。

（1）多尝试。不尝试怎么会知道自己真正喜欢什么呢？很多事情如果只是听说，往往容易产生片面认识。能力需要通过行为来发掘，做了事情才能发现和锻炼自己的能力。

（2）多总结。世界上有成百上千个行业与职业，不可能都一一尝试，所以需要举一反三地总结，叩问自己一些深层次的问题。例如，哪些能力你比一般人强，而哪些能力比一般人弱？这些能力属于职业核心素养吗？你不喜欢研发工作只是浅层现象，你需要问自己为什么不喜欢研发，不喜欢它哪方面，是讨厌工作内容还是不喜欢这个行业的人？这个工作有没有哪方面是你相对喜欢的？只有不断叩问内心才能发现自己真正的追求。

（3）做测评。借助应用广泛口碑较好的测评工具，如霍兰德职业兴趣类型、职业锚、能力词典等,但测评只是辅助工具,结果仅仅作为参考,不能按照结果对自己贴标签。

(4) 360度评估。有时当局者迷旁观者清,可以请父母、家人、长辈、老师、学长学姐、同学朋友等对我们进行全面评价,收集优势长处、缺点不足、个人特质、性格、才能等评价反馈,作为自我评估的补充,有助于全面准确地认知自我。

(5) 定期重新认知。事物是普遍联系的,一切事物都处在相互影响、相互制约的关系之中。自我发展是个体与外界环境交互作用的结果,自我会随着外界的变化而变化,而自我行动也会对外界环境产生影响,因此要定期进行自我重新梳理和认知。

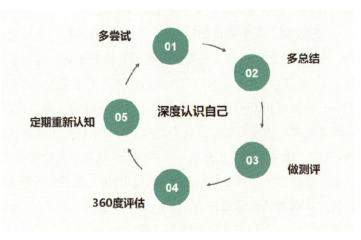

图 3-7　深度认知自我的方式

第 4 章

行动管理：锚定方向、积极行动、应对变化

时光飞逝，小六月的大学生活已过半。在整个大二学年，小六月对自己的专业有了更深层次的学习，充分利用课余时间提升自己，深度认知了自己的优势和特质，大学生活过得快乐而充实。即将到来的大三学年，小六月开始思考未来的毕业去向，网上说"不考研没出路""宇宙的尽头是编制"，真的是这样吗？她到底应该如何选择未来方向呢？

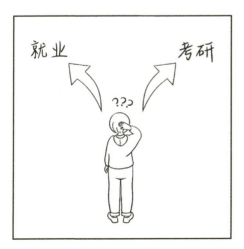

第 4 章　行动管理：锚定方向、积极行动、应对变化

4.1 锚定方向——科学决策的道法术

4.1.1 读研是必要的吗

结束了疲惫的一天，回到宿舍的小六月看到舍友七七正在愁眉不展，便询问发生了什么事情。

七七叹了口气说："我希望大学毕业之后赶紧找个好工作，尽早把生活稳定下来。但父母一直催着我继续深造，但我的成绩不够保研，考研又没有把握，可怎么办呀。"

小六月思索了一阵："考研的话就要尽早多修一些学分，这样就可以有充足时间开始准备，或者可以出国？我的表姐就是通过学校的合作项目申请的留学，再或者也可以先就业两年，看看工作是什么情况后回来继续读研？"

听到这么多选择和方向，七七更发愁了，"我们到底要怎么确定未来的方向呢？听说不读研究生找不到好工作，真的是这样吗？"小六月也十分迷茫不知如何回答，两个人满面愁容，对坐无言。

小六月心想：大学和高中完全不一样，高中的时候只要一心一意学习，自己做选择的机会少，最大的选择就是根据成绩选大学。上了大学，小到选修什么课程、参加什么社团，大到未来的方向都要自己做选择。做选择好难呀，毕业后我们该何去何从？怎样才能做出合适的选择呢？大学剩下的时光该如何度过呢？

小六月与七七经过商讨，最终决定两人一起找顾老师咨询。

小六月："顾老师，我们马上大三了，现在犹豫未来就业方向的选择，听说就业途径可以分为保研、考研、求职、留学和创业，而不同选择方向下还有更细

分的选择，比如考研会面临专业、院校的选择，求职会面临企业类型、城市、岗位等选择。我们感觉好乱呀，不知道该如何做选择？学长学姐都说就业方向选择很重要，好害怕选择错了会后悔。"

七七："顾老师，读研是必要的吗？我不是很想读研，但是我爸妈希望我读研究生。"

顾老师："其实，我们的生活是一个选择叠加着另一个选择，每天穿什么衣服吃什么饭，这些都是选择，而咱们大学生常见的重要选择之一就是未来就业方向的确定。科学做选择是一种生涯智慧，有一套方法论可以学习，也有工具可以助力，后续生涯规划课上我将会分享给同学们。"

"现在，我们先来做个测试，咱们学校门口有三趟公交车路线，一辆有空调冬暖夏凉，但位置有限，通常上车时没有座位了；一辆是双层巴士观光效果很好；一辆是有点老旧但容量很大的铰链公交车，一般都能有座位（如图4-1所示）。你们今天出门只能坐公交车会选择哪一辆？"

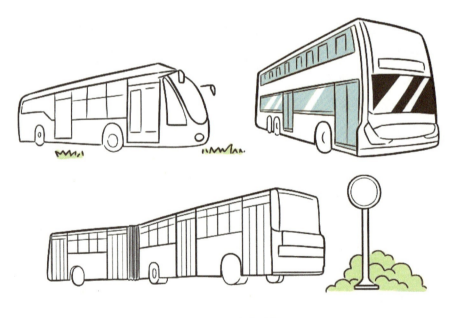

图4-1 公交车选择

小六月:"我选双层巴士,坐车还能观光太棒了!"

七七:"我选空调车,我夏天怕热,没有空调太难熬了。"

顾老师:"七七和小六月你们的选择都没有错,因为你们都是基于自身情况出发做出的选择,但你俩有没有问问自己的目的地是哪里?如果三辆车都能到达目的地,你们才会根据个人喜好选择;如果只有那辆铰链公交车能到达目的地,就没有选项了。所以在做选择时要跳出选择本身看看最终的目的地是哪里,哪个选项更接近目标,这才是科学决策背后的逻辑。"

"七七你刚刚问到要不要读研,可以跳出选项看目标,你未来的职业目标是什么?未来的职业发展方向是什么?选择读研是不是更接近自己的目标?"

七七:"哦哦,我明白了,当下选择哪条路是基于自己未来的目标而定的,我未来想回到自己家乡的研究院从事规划设计的工作,我现在马上看看心仪公司的岗位招聘要求。"七七一边说一边打开了研究院官网查看。

七七高兴地说道:"找到了!我想从事的工作最低需要研究生学历,也有一些岗位要求博士学历,那我要好好复习考研了,这次不用爸妈催我了。"

小六月:"顾老师,我还没有明确的职业目标,我对于专业学习和深入科研没有那么感兴趣,所以我不想读研,想毕业后直接就业,但网上说不读研找不到好工作,真的是这样吗?"

顾老师:"小六月,你心中的好工作是什么样的工作?'好'在哪里?"

小六月挠挠头:"工作平台大一些,有发展空间,当然,最好薪酬高一些。"

顾老师:"读研会有更高的学历,就业有更多的选择,在读研的过程中也能更深入地提升自己的科研能力,在做科研项目的过程中培养系统思维,提升分析问题、解决问题的能力。有很多招聘岗位明确要求研究生及以上学历,公司的培养也有单独的职业发展通道。"

"考研同样有风险,近年考研热持续升温,竞争越来越激烈。一旦考研失利,也错过了求职黄金季。读研意味着延缓就业2~3年,需要考虑个人和家庭的经济问题。读研,对心理韧性、学习能力、毅力都有很高的要求,会面临学习和生活的多重压力,如果没有学术兴趣,将享受不到读研的乐趣。"

"有调查统计,更多人选择读研,并非真的出于学术兴趣,而是与'工作'紧密挂钩,不管是为了更好地面对还是为了逃避。两三年苦读后确实比本科生更容易找到高薪工作，但你在研究生毕业的时候，曾经的本科同学已经是工作了两三年的社会人了。硕士毕业后的起薪并不一定比直接工作两三年后的收入高，调查数据显示，毕业后直接工作两三年的平均薪资，与毕业后先升学再工作的人起薪基本一致，甚至略高于后者。而且，很多公司本科生和研究生学历的人才培养通道是一致的，'辛苦读研却成了本科同学下属'的情节出现也不意外。"

七七和小六月点点头："嗯嗯，我们不能仅仅因为找到更好的工作而读研，也要综合分析个人情况来确定。"

顾老师："七七，既然你已经想清楚为何考研，那就要心无旁骛地去准备，绝不可能'三天打鱼，两天晒网'，要合理规划不同科目的复习时间，结合自己的学习能力，制订科学的计划，强化自律意识，提高学习效率，梳理题型特点，总结解题方法。考研是一场持久战，也是一场心理战，如果压力太大，可以找辅导员、老师、朋友聊聊天，保持平常心和必胜心。如果自律意识不强，也可以找一个同样目标坚定的盟友，在考研的路上互相督促，互相帮助，互相鼓励。"

七七问道："嗯嗯，我会努力学习，坚持到最后的。刚听您分析完考研的风险，我想在考研的过程中找个保底工作？这种方式可行吗？我还有个担心，怕自己如果签约了，就没有了考研的动力了。"

顾老师："考研时间是在当年的年底，而招聘黄金季在9—11月份，正好跟复习考研的时间重合。如果你的考研院校专业的定位比较高，那提早找一份保底工作总是有备无患的。另外，也可以根据自己的复习情况来确定。如果你心仪的单位招聘名额大部分在秋招，春招不一定招聘或者招聘名额很少，那还是要关注秋招信息的。"

"既然主要目标是考研，那么找保底工作必然不能耽误太多时间和精力。那些招聘周期长，网申、面试轮次多的企业可能需要耗费过多精力，对于考研准备有所干扰，不适宜作为保底工作。可以参加大中型双选会和企业组团招聘，这样的双选会效率高，同时有些企业可以当天面试，当天签约，这样可以大大节省求职时间。也可以锚定一些单位定向求职。如近3年接收本校同专业毕业生人数较多的企业，与专业对口度较高的企业，这样的企业对于学校和专业的认可度较高，与你的匹配度较高，求职成功率更高。此外，可以去心仪企业的宣讲会，当这些企业进校宣讲的时候去投递简历，有些进校宣讲的企业会很快安排面试。"

"越来越多的企业对于学生读研是能够理解且包容接受的，你拿到 offer 后，只需要尽全力考研就好，考上了可以安心读研，考不上春招也不用求职，可以安心做毕业设计。总而言之，考研是否需要找保底工作还是要结合个人情况进行选择。"

小六月追问道："顾老师，那考公考编对学历有要求吗？我能在找工作的同时准备考公考编吗？"

顾老师："公务员、事业单位的报考学历一般是大专学历以上均可报考，但岗位设置有不同的学历要求，有些要求本科学历，有些要求研究生学历，还有一些三不限（不限专业、不限学历、不限户籍）的岗位。"

"公务员和事业单位的笔试中的行测题目，也是很多招聘单位的笔试题目之一，而面试中表达、思考等能力的训练也是通用的，所以在规划好时间的前提下，当然可以一边求职一边准备考公考编。"

小六月和七七："明白了，非常感谢顾老师！"

顾老师："后续的生涯规划课上，我会系统介绍科学决策的方法和工具，你们可以运用这些方法工具再次检验自己的选择哦！"

4.1.2 构建我的决策金字塔

生涯规划课上，顾老师展示了一张决策金字塔模型图，并详细讲解了使用该模型的思维框架做出科学决策的方法。

决策金字塔模型的理论基础是 CIP 知识认知信息加工理论模型，一共分为三层，底层是支持做决策的信息，包含自我知识和职业知识；中间层是决策层面，通过 CASVE 循环形成决策方案；顶层是对整个决策过程的反思，即元认知，相当于第三只眼在看自己决策过程的思维模式。

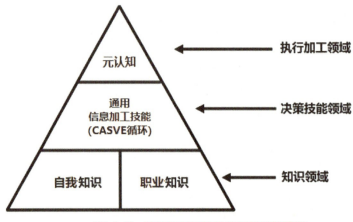

图 4-2　CIP 知识认知信息加工理论模型

1. 底层——知识领域

金字塔底层的两个部分称为知识领域,包括自我知识(了解自我)和职业知识(大学专业/各种选择)。自我知识,包括自我的价值观、兴趣、技能以及相关的个人特质;职业知识包括了解特定的职业、专业、行业、地域、岗位等。在大学生的生涯选择中,"不知道自己能做、想做、适合做什么"是自我知识的缺乏,需要对自身进行深度探索。"有很多 offer,但不知道这些工作的发展前景、不知道专业就业方向有哪些"等问题都是职业知识的缺乏。

金字塔底层的知识领域可以比作存储于计算机存储器中的数据文件,当信息不清楚时根本无法做出决策,需要赶快行动起来收集更多信息。另外,收集到的信息要进行甄别筛选,因为在日常进行信息探索时,人们会收到很多主观信息,这些信息是当事人基于自己的视角给出的信息或者建议,要有批判性的思维,甄别筛选这些信息,避免小马过河的误区。信息是决策金字塔的最底层,这层搭建得越坚实,信息的数量越多、质量越高,上面的决策才能更高效、更适合自己。

2. 中间层——决策技能领域

金字塔的中间层是决策技能领域,指导人们如何做出决策。一个有效决策过程一般包括五个步骤：沟通、分析、综合、评估、执行，一般称作CASVE循环，是五个步骤英文首字母的缩写。这就像调用计算机内存，对存储的文件和数据进行计算和处理的过程。

第一步，沟通。沟通的目的是识别决策问题是否真实重要。比如，在大学生日常的决策问题中，"不想从事本专业工作又没有别的选择"，属于没有决策权问题。还有些同学立志"好好学习英语"，但一直没有真正付诸实际行动，那学英语到底对你有多重要？如果不那么重要就无须反复纠结。如果一个问题你有大部分的决策权，也拿到了真实选项，做了很多信息收集和行动探索，这个决策对你未来一段时间有深远的影响，那它才是一个真实的重要的决策问题，才值得去思考如何科学决策。可以借助表4-1的问题来筛选判断。

表4-1　CASVE循环——沟通

目的	筛选判断——这是个真实的重要的决策问题吗？
问题1	你的决策权有多大？
问题2	你能真实拿到选项吗？
问题3	这个问题困扰你多久了？
问题4	你为这个问题做过什么？
问题5	这个决策对你多重要？不做对你有多坏的影响？

第二步，分析。通过观察、思考和研究，对兴趣、能力、价值观和人格等自我知识以及各种环境知识进行分析，从而更好地理解现存状态和理想状态之间的差距。在分析阶段需要对两方面的知识进行梳理分析。首先是自我知识，包含兴趣——我喜欢做什么？能力——我擅长做什么？价值观——我看重什么？性格——我有什么特质？等等。其次是环境知识，每一个选择处于什么样的环境？会带来什么样的生活？需要付出什么努力？在这一步，最重要的是以终为始，确定未来的方向，根据未来的方向倒推当下的选择。可以借助表4-2的问题辅助分析。

大学生涯闯关记

表 4-2　CASVE 循环——分析

目的	以终为始——你的目的地是哪里？
问题 1	你想要的生活状态是什么？
问题 2	你的职业目标是什么？未来的职业发展方向是什么？
问题 3	你做本次选择的目标是什么？
问题 4	哪些因素影响了你的选择？这些影响因素中哪些对你最重要？
问题 5	你内心"好"的标准是什么？

第三步，综合。根据分析阶段所得出的信息，先把选择范围扩展开来，然后再逐步缩小。也就是先跳出原有的选项向外看看还有哪些更多的选择方案？通过头脑风暴信息扩充，来增加我们的选项，当选项太多的时候，我们也要考虑哪些是暂时不需要的可以舍弃的，减少选项个数，确保最终 3~5 个最可能的选项。可以借助表 4-3 的问题辅助选择。

表 4-3　CASVE 循环——综合

目的	扩大缩小——合理的选项方案有哪些？
问题 1	目前拿到的选项有几个？
问题 2	是否还有其他方案？
问题 3	哪些是暂时不需要的可以舍弃的？

第四步，评估。对于综合阶段得出的 3~5 个选项进行具体的评价，评估该选择可能性，以及这个选择对自身及他人的影响，从而进行排序。可以借助表 4-4 的问题评估。

表 4-4　CASVE 循环——评估

目的	对比权衡——各选项的价值和挑战如何应对？
问题 1	目前这些选项各自对你的价值（优势）和挑战（劣势）是什么？
问题 2	最坏的结果是什么？可否接受？应对的措施和办法有哪些？

续表

目的	对比权衡——各选项的价值和挑战如何应对？
问题 3	放弃选项的坏处如何弥补？
问题 4	不选择这项是遗憾还是后悔？
问题 5	不考虑任何外在因素和他人期待你内心的真实选择是什么？
问题 6	有人请教你同样问题你会怎么说？别人的建议是什么？你怎么看待这些建议？

第五步，执行。执行是整个 CASVE 循环的最后一部分，前面的步骤只是确定了最适合的选择，需要在执行阶段将所有想法付诸实践。在执行阶段，需要制订计划，进行实践尝试和具体行动。行动后我们会重新获得新的信息，可以检视理想与现实之间的差距是否消除？如果差距尚未消除，将再次循环这个过程。比如有些同学把工作是否高薪放到首位，但到相应岗位实习后，发现高薪伴随着高工作压力，最终求职可能会做出另外的选择，不再单纯追求高薪工作。可以借助表 4-5 的问题开展行动检验。

表 4-5　CASVE 循环——执行

目的	执行检验：优先选项的行动计划是什么？
问题 1	你暂时性的决定或优先选项是什么？
问题 2	最迟什么时候做决策？
问题 3	对于这个选择下一步计划是什么？
问题 4	打算何时何地开始行动？
问题 5	有哪些担忧或风险，如何应对？
问题 6	怎么开始第一步？

以大学生常见的是否考研为例，遵循该模型（如图 4-3 所示），我们首先要明确自己是否适合读研、考研需要复习的科目有哪些、重要他人对自己考研的态度等，然后借助 CASVE 循环思考为什么考研？考研对自己的重要程度？未来规划是什么？想要的是什么？想要的只能通过考研实现吗？做好利弊和成本分析

了吗？能否做多手准备？计划是什么？做出决策后，我们要检验是否符合自己的情况，比如复习了一段时间发现自己不是学习的料转而求职。

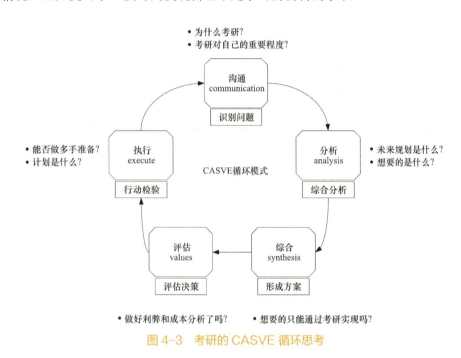

图 4-3　考研的 CASVE 循环思考

3. 顶层——执行加工领域

在金字塔的顶层要对决策过程进行思考，即执行加工领域。人认识外界事物的过程就是认知过程；而人反思"自己认识外界事物的过程"，是元认知过程。元认知，即对认知过程的认知，也称之为反思、内省、自我觉察。元认知技能包含了自我对话、自我觉察、自我监控。这就好比是一种工作控制功能，它告诉人们金字塔中间层上的各种程序，将以何种顺序进行运作。

大学生经常在顶层出现非合理的信念，比如，一定有一份完美的工作，让我和我的父母、朋友、老师都满意；总有某位专家或比我懂得更多的人，可以为我找到最好的职业；如果我选择错了，后面的人生就完了；我要想好了才能行动等等。这些非理性的信念会让人们在做决策时犹豫不决，或过多依赖他人。在克服非理性信念方面，要树立以下六点意识。

（1）决策无处不在，决策的主体一定是自己，决策意味着要自己承担后果。决策是一种能力，是掌控自己人生的能力，决策能力决定了一个人的生涯成熟度。

（2）决策是一个过程，是分层级的，而不是单一的结果。所以，人们在做决策时要先收集充足信息，再科学决策，最后反思自省。

（3）决策是取舍，世上没有完美的决策，没有哪个选择能占尽好处和便宜，鱼和熊掌不可兼得，有得必有失。想清楚最想要什么，坚持什么，愿意放弃什么，定好目标。不要追求万无一失的决策，选择后就努力做到最好，不要把美好的时光用来纠结。

（4）任何决策都是有风险的，因为决策就是根据当下的信息和个人的判断，朝向未来去冒险。没有万无一失的决策和完美决策，只有相对而言的，我们自己满意的、适合我们自己的决策。立足当下的每个决策都是最好的决策，每段路途都有不同的美景历程。

（5）决策不仅包括选择，也包括行动。因为有了行动，才有了更充足的信息。有了选项才能做选择，选择过后又是行动，在不断执行决策的循环中越来越清晰，所以决策是小步快跑快速迭代的升级过程。

（6）任何的决策都是承前启后不断循环的，承接决策带来的焦虑情绪的消失，开启行动，也就是说，决策的焦虑需要行动消除，决策是不断行动、不断调整的循环。

选择，看上去是主动而为，其实都是量体裁衣。并不是找准了方向才开始努力，是先努力才会明确方向。选择的确可能改变人生走向，但大多数的转机来源于过往的积累，是人们自己创造出来的，而不是普通的遇见。在人们还没有多少选择的时候，要做好眼下的事，只有在努力中不断进步，视野才会逐渐扩大，目标才会渐渐精准。所有未来的选择项，都是眼下努力所收获的回赠。**选择决定努力的方向，努力决定了选项，所以我们既要有选择的权利，也要有选择的能力。**

4.1.3 智慧决策的工具集

生涯规划课上，顾老师介绍了三种生涯决策的工具，助力同学们做出适合自己的决策。

1. SWOT 分析

SWOT 是英文单词 strengths、weaknesses、opportunities、threats 的首字母组合，S 代表 strength（优势）：清晰地找出自己的优势，扬长避短；W 代表 weakness（弱势）：弱势是自己的短处，要清晰地了解；O 代表 opportunity（机会）：各种资讯、资源或助力，机会分析是关键因素；T 代表 threat（威胁）：环境的不确定性，竞争对手的压力等。其中，S、W 是内部因素，O、T 是外部因素。

首先，分析评估自己（内部）的优势和劣势，同时分析外部环境存在的机会和威胁，并逐项罗列出来。然后，构造出 SWOT 矩阵。将上述四个方面的评估与分析，通过调查和重新梳理概括，依据一定的标准，如轻重缓急、严重程度、重要性程度或影响程度等对各项内容进行排序，构建出 SWOT 分析的信息矩阵。最后，赋值分析。SWOT 分析既可以做定性分析，也可以做定量分析。定性分析，一般是根据自身实际和价值倾向做出横向比较，从而得出定性的决策结果。定量分析是指对 SWOT 矩阵中的各项因素赋予一定的分值，然后将自身优势与外部环境机会相加，自身劣势与外部环境威胁相加，对比两个分数的大小，分数高的即为职业决策的最优选项。

通常而言，当做出最终决策后，也可以利用 SWOT 矩阵进行行动策略的制定，主要有四种策略：(1) 充分利用自我优势与外部机会的 S-O 策略：扬长发展，抓住机会，竞争发展；(2) 充分发挥自我内部优势、规避外部威胁与风险的 S-T 策略：深入分析，合理规划，动态调整；(3) 补足短板、应对机会的 W-O 策略：提升自我，把握机会，重在发展；(4) 规避或消除自我劣势与外部威胁的 W-T 策略：客观分析，理性选择，跨越障碍。

小六月的舍友——七七同学使用该方法决策是否要读研究生。七七根据个人情况，构造出 SWOT 矩阵（见表 4-6）。七七对每项因素进行了赋值，S-O 策略得分为 46 分，W-T 策略得分为 33 分，优势和机会大于劣势和威胁，所以七七认为自己在考本专业研究生方面有一定的优势。同时，结合 SWOT 矩阵七七制定了考研复习策略。

第4章 行动管理：锚定方向、积极行动、应对变化

表4-6 七七关于是否要考本专业研究生的 SWOT 矩阵

内部分析	自身优势： 1. 心态成熟，目标坚定，抗压能力强。9分 2. 专业基础知识比较扎实，数学成绩较高。8分 3. 记忆力强，应届生知识具有连贯性。8分	自身劣势： 1. 英语基础薄弱，单词量积累少。5分 2. 自制力差，每天花在手机上的时间过多。7分 3. 学生工作的牵绊，占用复习时间。4分
外部分析	周围环境机会： 1. 考本校研究生，专业课复习有优势。8分 2. 父母强烈支持考研，提供实际支持。6分 3. 学校考研复习环境好，有专门自习室。7分	周围环境威胁： 1. 专业热门，考研同学过多，竞争激烈。5分 2. 保研比例较大，考研有一定劣势。5分 3. 用人单位对毕业生学历和能力要求提高。7分

S-O 策略：在校阶段更加努力学习专业知识，利用良好心态积极应对考试，发挥优势科目，增强考研信心。

S-T 策略：增加复习时间和强度，制订科学复习计划。读研究生期间多实习，充分了解用人单位要求，提升职业能力。

W-O 策略：在有限的时间里，狠抓英语学习，找寻考研伙伴一起到考研自习室相互监督学习，学生工作集中处理。

W-T 策略：争取工作保研，或秋招找保底工作，做好多手准备。

2. 决策平衡单

决策平衡单，是将决策所考虑的诸多重大因素集中到四个维度：个人物质方面的得失、他人物质方面的得失、个人精神方面的得失与他人精神方面的得失。这四个维度包括了职业决策所需考量的种种因素，因为每个人遇到的具体情况不同，四个维度的因素可以自行修改。决策平衡单样例见表4-7。

表 4-7　决策平衡单样例

考虑因素		重要性权数（1～5）	生涯选择一（　）		生涯选择二（　）		生涯选择三（　）	
			＋	－	＋	－	＋	－
个人物质方面的得失	1. 收入							
	2. 工作难易程度							
	3. 升迁机会							
	4. 工作环境的安全							
	5. 休闲时间							
	6. 生活变化							
	7. 对健康的影响							
	8. 就业机会							
	其他……							
他人物质方面的得失	1. 家庭经济							
	2. 家庭地位							
	3. 与家人相处时间							
	其他……							
个人精神方面的得失	1. 生活方式的改变							
	2. 成就感							
	3. 自我实现的程度							
	4. 兴趣的满足							
	5. 挑战性							
	6. 社会声望的提高							
	其他……							
他人精神方面的得失	1. 父母的支持							
	2. 师长的支持							
	3. 男女朋友的支持							
	其他……							
	加权后合计							

宁宁同学是大四毕业生，目前收到了两个 offer，一个是选调生，另一个是研究员，另外，他一直想要读本专业的研究生，现在，他很纠结，不知道该如何选择，于是，他使用了决策平衡单进行选择。

第一步，在决策平衡单的第一行填写职业目标选项。通常情况下，选项是根据我们的个人意向或综合自我探索与职业认知情况得出的，一般为3~5个，不宜过多。对于宁宁同学而言，三个选项分别是本专业研究生、选调生、研究员。

第二步，根据职业决策需要考虑的四个维度，结合自身实际情况，在决策平衡单的第一列"考虑因素"表格中，修正完善所考虑的因素。

第三步，根据各职业目标选项对个人而言的利弊得失情况，进行逐项打原始分，打分标准可采用5分制或10分制，"得"用正数打分，"失"用负数打分。

第四步，各项考虑因素对个人的影响及重要程度而言是有差别的。因此，要根据自身实际情况，考虑各项考虑因素对自己的重要性与迫切性，给每个"考虑因素"赋予权重，加权范围通常是1~5倍。利用各项考虑因素的原始分乘上权重，即可得到各项因素的加权分数。

第五步，先将决策平衡单中的各列求和，然后将每个目标职业选项的正负总数相加，得出各个目标职业选项的最终得分。宁宁同学最终三个选项的得分是，本专业研究生165分，选调生201分，研究员198分。

第六步，通常情况下，决策平衡单中得分最高的选项是我们最终的选择方向，但很多因素的打分带有主观性，所以它只是提供了一种思路和方法让我们能全面梳理决策时需要考量的因素，并不意味着分数高的选项一定是最终选择方向，重要的是通过决策平衡单的使用，我们能更清晰不同因素的影响程度。宁宁选调生分数和研究员分数相差不大，所以在这两项上他又展开了深入调研，访谈了在职的选调生和研究员，近距离了解了这两个职业。最终，坚定不移地选择了选调生。宁宁的决策平衡单见表4-8。

大学生涯闯关记

表 4-8　宁宁的决策平衡单

考虑因素	权重 1~5 倍	选择一 本专业研究生		选择二 选调生		选择三 研究员	
		加权分数(+)	加权分数(-)	加权分数(+)	加权分数(-)	加权分数(+)	加权分数(-)
个人物质方面的得失							
1. 个人收入	3	0（0）		2（+6）		4（+12）	
2. 未来发展	4	5（+20）		4（+16）		2（+8）	
3. 休闲时间	2		−1（−2）	0（0）		3（+6）	
4. 对健康的影响	1	2（+2）		2（+2）		4（+4）	
他人物质方面的得失							
1. 家庭收入	3		−1（−3）	2（+6）		4（+12）	
2. 家庭地位	2	5（+10）		3（+6）			−2（−4）
个人精神方面的得失							
1. 创造性	5	4（+20）		4（+20）		4（+20）	
2. 多样性和变化性	5	4（+20）		5（+25）		5（+25）	
3. 影响和帮助他人	4	3（+12）		4（+8）		5（+10）	
4. 自由独立	4		−1（−4）	4（+16）		5（+20）	
5. 挑战性	3	5（+15）		3（+9）		4（+12）	
6. 被认可	3	4（+12）		5（+15）		5（+15）	
7. 应用所长	5	2（+10）		5（+25）		5（+25）	
8. 兴趣和满足	4	3（+12）		5（+20）		5（+20）	
他人精神方面的得失							
1. 父亲	3	5（+15）		3（+9）		3（+9）	
2. 母亲	3	5（+15）		2（+6）			−1（−3）
3. 男朋友	2	3（+6）		4（+8）		4（+8）	
4. 老师	1	5（+5）		4（+4）			−1（−1）
总分		165		201		198	

112

3. 决策体验单

决策体验单包含五个维度内容，分别为选项、价值、挑战、行动和未来。

对于"选项"维度，我们要筛选出对我们最重要的一个选项进行分析。对于"价值"维度，每个选项都有吸引我们的部分，假如你选择了某个选项，那么在接下来某个确定的时间段里，这个选择将给你带来哪些价值和好处？有价值，必然有挑战，对于"挑战"维度，我们要把可能的挑战都罗列出来，看看如何应对和克服。对于"行动"维度，面对挑战我们能够采取的行动就是接纳或者面对，哪些是我们不得不接纳的现实？哪些是我们可以通过努力去化解的？对于"未来"维度，我们必须着眼于未来，充分体验选择将给我们带来的感受，才能真正做出选择。想象一下，我们选择了这个选项后，未来会是什么样的？决策体验单样例见表 4-9。

表 4-9 决策体验单样例

选项	筛选出对我们最重要的一个选项进行分析
价值	某个确定的时间段选择将给你带来哪些价值和好处
挑战	把可能的挑战都罗列出来，看看如何应对和克服
行动	哪些是不得不接纳的现实？哪些是通过努力化解的
未来	我们选择了这个选项后，未来会是什么样的

上述三个决策工具有自身的适用性，SWOT 分析比较适用"是"和"否"的决策，比如，要不要读研究生，要不要留学等。决策平衡单适用于有 3～5 个选项的决策，比如，3 个 offer 如何选择，读研、就业和留学怎么选择等。决策体验单适用于单个选项的具体分析。当我们正确使用决策工具时，科学决策就变得更加容易。

大学生涯闯关记

4.2 积极行动——确立生涯发展主线

4.2.1 从生涯风火轮到职业目标

生涯规划课上，顾老师提问道："同学们，在前面的课程中我们先后探索了学业、职业和自我，深入学习了科学决策的方法，当你手中同时握着各种学业信息、职业信息、人生主题词、价值观等列表，还掌握着科学决策的方法论时，你感觉自己找到职业目标了吗？对于职业目标，你是否还存在这样或那样的困惑？比如，有些职业一看就不感兴趣，我能选择它们作为目标吗？我感兴趣的职业和我的专业不对口，信息越多我感觉矛盾越大，怎么办？我的人生主题词看起来与前面的专业、职业、自我探索都没什么关系，它们是不是重复劳动？我该如何把它们联系起来？这节课，我将带领同学们一探究竟。"

"其实上面我们所提到的困惑都涉及一个核心问题：如何整合专业、职业和自我的探索成果，最终确立适合自己的职业目标。我们每个人的人生主题词是职业选择的灯塔，我们探索大学生活、职业世界和自我都是为了找到更有利于实践人生主题词的渠道，所以人生主题词是探索成果整合的主线，即用人生主题词串联起这些探索成果。"

"现在请同学们先认真梳理一下前面课程探索出的'成果'，然后我们一起来做个'生涯风火轮'吧，用人生主题词串联起这些'成果'。"

"先把你在前面课程学习到、总结出的人生主题词放在'风火轮'的中心，周围画上许多圆圈围绕着核心，具体的数量你可以自己决定。周围的圆圈里分别写上：最有利于我实践人生主题的职业是什么？最有利于我实践人生主题的行业是什么？最有利于我实践人生主题的专业是什么？最有利于我实践生涯主题的校园资源是什么？最有利于我实践人生主题的兴趣、能力、行为风格是什么？最有利于我实践人生主题的课外活动是什么？你还可以自行添加更多的圆圈，总之我们的目的是帮助自己寻找所有有利于实践人生主题的路径和渠道。"

小六月按照顾老师的要求画出了自己的生涯风火轮（如图4-4所示）。顾老师看到小六月完成得又快又全面，邀请她在全班做分享。

图4-4 小六月的生涯风火轮

小六月说道："我最重要的人生主题是在擅长且喜欢的专业领域发光发热。我认为最有利于实践自己人生主题的职业是物流规划师、交通工程师、运输策略分析师等。最有利于我实践人生主题的行业应该是物流与供应链管理、交通数据分析等，更能让我发挥自己的优势。最有利于我实践人生主题的专业就是我现在所就读的交通运输专业，并尽可能多地学习大数据知识，与我所期待的专业比较契合。最有利于我实践人生主题的校园资源一是讲座和研讨会，二是校企合作实习项目等。最有利于我实践人生主题的兴趣、能力、风格，一是兴趣：交通、物流、数据分析；二是能力：系统分析、项目管理、团队合作；三是行为风格：积

大学生涯闯关记

极主动、注重细节、善于沟通。最有利于我实践人生主题的课外活动是参加交通相关的社团、参与交通规划或物流管理的项目、实地考察交通企业。"

顾老师补充道："看完小六月同学的'生涯风火轮',同学们明白该如何思考人生主题和职业目标的关系了吗?现在你的职业目标是否更为聚焦了?当然,你不一定非得聚焦到某一个特定的职业上,你可以更青睐于某类职业、某个行业或某个领域,范围可以比某个具体职业宽泛。确立职业目标并不是让你确定某一个职业最适合你,而是让你有一定的范围,并且了解自己为什么圈定了这个范围,同时也是为了让你的生涯行动更有针对性,更有实效。"

4.2.2 把问题账单变成目标清单

在确定了大学生涯发展主线后,小六月准备首先尽力争取保研,同时为考研进行准备。为了实现自己的目标,她决定将大部分的精力放在学业方面,图书馆自习室都满满当当地安排在生活行程里。

虽然定下了目标,但是小六月并没有立刻付诸行动,总觉得自己才大三,而且保研这事也不是光靠自己努力就能实现的事情,还要看别人情况如何嘛。再说了,如果是保研没成功需要考研的话,那也还有一年多的时间呢,不管怎么说都来得及准备啦。

每一次在想要重整旗鼓开始学习奋斗的时候,小六月都会使用刚刚那段话成功地说服自己不要着急。拖沓了两个星期之后,小六月终于准备开始进入全力学习阶段。

在学习的时候,小六月又发现运筹学的好多公式难以理解其含义,翻看之前课上记的笔记杂乱无章,英语科目学习时也很吃力,想到自己英语六级还没有通过……种种情形,让小六月开始焦虑,感觉好多问题接踵而至,自己明明树立了考研的目标,为什么却感觉增添了很多问题。

小六月迫不及待地与顾老师约好在办公室见面,希望能够学习到可以解决自己目标规划混乱问题的新方法。和老师打了招呼后,小六月将自己几周以来遇到的问题和困境悉数描述给顾老师,并询问自己最关心的问题:如何才能制定出适合自己,同时又能够充分被执行的目标规划呢?

听完小六月充满苦恼的描述,顾老师告诉小六月,制定目标一定是为达成自己的某个期望,要想得到现在最想知道的答案,首先需要小六月想明白这件事,才能制定出最合适的目标规划。小六月仔细回想了自己这段时间的经历,觉得当务之急是要把学业上的各项漏洞补起来,把短板弥补后再去考虑进一步提升的事。

了解了小六月现阶段的想法,顾老师告诉她:"一名优秀的大学生会将自己的问题转变成为目标,你可以提出一个现在遇到的问题,我们一起看看如何把它变成你的目标。"

小六月思索了一阵,说:"我的运筹学课程怎么也学不好,明明书看了很多遍,可就是记不住。"

顾老师提点道:"你可以把'我怎么也学不好运筹学这门课。'变成'运筹学课上,很多公式很难理解,我也问不出有价值的问题。我应该在课前或课后向老师和别的同学请教,我还可以通过看资料、看视频等在听课之前做足充分的预习'这样的具体目标,是不是很好理解?"

小六月若有所思,"我明白了!比如,把'我的学习笔记记得太乱了!'变成'我会用黑、红、蓝三种颜色的笔画图、画表来记笔记。'再比如,把'大考之前的那一天晚上我特别紧张,久久不能入睡'变成'每次考试前三天我会好好复习,考前的 24 小时运用有效的减压方法疏解压力,睡个好觉,养足精神'。"

顾老师说："非常好，作为一名优秀大学生，要拒绝使用类似'我不能''我不会'等句子。你也尝试练习一下把问题 A 变成目标 B 吧，这样你会发现问题账单都变成了目标清单。"

（1）把"我学不好运筹学课程"变成_____
_____
_____。

（2）把"看书的时候，我往往分不清泛读与精读"变成_____
_____
_____。

（3）把"我缺乏体育锻炼"变成_____
_____
_____。

（4）把"我和舍友有矛盾"变成_____
_____
_____。

（5）把"我不知道如何与导师沟通我想保研的决心"变成_____
_____
_____。

顾老师继续指出："把问题转换成目标的过程中是有一定原则的，我们要设定符合 SMART 原则的目标，然后一步一步地实现。"顾老师补充道，"SMART 原则中，S 代表 specific，意思是指'具体的'，M 代表 measurable，指'可度量的'，A 代表 attainable，指'可实现的'，R 代表 realistic，指'现实的'，T 代表 time-bond，指'有时限的'（如图 4-5 所示）。我们平时在设定目标时，有可能会出现目标过高脱离现实、不够具体、执行性差，或者没有时间限定等，而运用 SMART 原则制定目标，能提高目标的可执行性。"

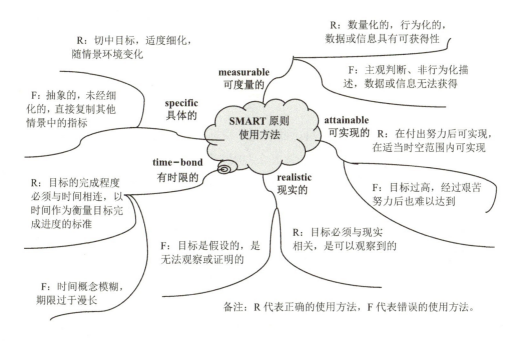

图 4-5　SMART 原则

"比如以减肥为例：S：计划减重几斤？把减肥具体为减重几斤，使目标具体化。M：可以用体重秤来衡量。A：计划每周减重两斤，目标是可以达到的。R：为了减肥要安排其他一些相关性目标，比如每天多吃蔬菜水果，每周坚持三次锻炼等。T：在一个月内达到计划减重的目标。"

小六月："明白啦，比如我想要通过英语六级考试。S：确定具体的考试内容和要求，如词汇量、语法知识、听力理解能力等。设定明确的考试成绩目标，如达到多少分或通过考试的某个部分。M：制定可衡量的学习计划和进度，如每天学习多少单词、每周完成多少篇阅读理解等。使用模拟考试或练习测试来衡量自己的学习成果，了解自己的优势和需要改进的地方。A：评估自己的英语水平和学习能力，确保设定的目标是可以实现的。制订合理的学习计划，包括每天的学习时间和学习内容的安排，确保能够按计划进行。R：确保学习内容和考试要求相关，专注于提升英语六级考试所需的能力和技巧。将学习目标与个人的学业规划或职业发展目标相关联，激发学习的动力，提高学习的效率。T：制订学习计划时考虑时间限制，合理安排每个学习阶段的时间，确保在考试前能够完成所有的学习任务。"

4.2.3 三招五式让 Flag 不再倒

小六月问顾老师："顾老师，我制定了目标后在执行的过程中总有懈怠，感觉自己不够自律，意志力欠缺，该怎么办呢？"

顾老师接着对小六月说："有时候，目标执行不下去，并不是完全是意志力的问题，也有可能是目标制定得并不合理。要提升目标的可执行性，除了目标要符合 SMART 原则外，我们还需要两个工具来助力，分别是用 CPU 模型衡量目标是否恰当，用 GREEN 模型推进行动。"

"CPU 模型，其中 C 是指 certainty，也就是确定性。代表着我们是否必须做这件事；P 是指 plan，也就是计划性，即计划制订的详细程度；U 是指 urgency，也就是紧急性，即这件事有多么急迫。如果缺乏任何一个要素，就会产生后悔、迷茫、拖延等情况，所以目标意义和自律能力缺一不可。小六月，你可以根据这个模型给自己备战研究生的目标打个分，1~10 分，分数越高代表程度越高，看看哪个维度的分数低，是需要我们重点调整的。"

小六月打出的分数分别为：确定性 9 分，计划性 3 分，紧急性 4 分。

小六月："我的目标紧急性分数较低，是因为我觉得保研不成功考研还有一年的时间，所以并不是很着急，计划性分数较低，确实是因为没有制订详细的计划，目前只知道要提前复习考研科目，但还没有具体的复习计划，都是今天东学一点明天西学一些。"

顾老师："小六月，你知道保研和考研的具体要求吗？知道考研成功的概率吗？知道你身边确定考研的学长学姐都是从什么时候开始复习的吗？"

这三个灵魂之问让小六月愣住了，她若有所思。

小六月："我之前确实没有了解过详细的备战研究生信息，但了解到很多学长学姐考研都是从大三开始复习的，越早复习备考，准备会更充分。所以，这样看来，备战研究生考试确实真正需要赶快提上日程。"

第4章 行动管理：锚定方向、积极行动、应对变化

顾老师："至于计划性，你可以先了解保研和考研的具体要求，根据具体要求找到自己的差距，制订出行动计划。可以按照以下三个步骤开展：

（1）**全面分析，正确认识自己**：准确找出自己的长处和短处，以便明确自己学习的特点、发展的方向，发现自己在学习中可以发挥的最佳才能。

（2）**结合实际，确定目标**：不要脱离学习的实际，目标不能定得太高或过低，要依据知识、能力的实际、'缺欠'的实际、时间的实际来确定目标，以通过自己的努力能达到为宜。

（3）**长计划，短安排**：要在时间上确定学习的远期目标、中期目标和近期目标。在内容上确定各门功课和各项学习活动的具体目标，也要注意把大目标拆解成一个个的小目标。"

小六月点点头："嗯嗯，我明白了，我一会就去制订详细的行动计划。顾老师，您刚刚提到的 GREEN 模型是什么？"

顾老师："GREEN 是五个单词的首字母缩写，分别是 goal（目标）、resource（资源）、execution（执行）、exception（例外）、next step（下一步）（如图 4-6 所示）。"

"**goal（目标）**：要达成的目标或结果是什么？目标设定要符合 SMART 原则，用 CPU 检验，目标设定后可以通过询问自己五个问题再次梳理：实现这个目标对自己的价值和意义是什么/有多重要？如果不能实现有什么损失或后果？这个目标可以拆分成什么/分成哪些小目标？做到了什么就可以确认目标实现了？花费多长时间实现目标？

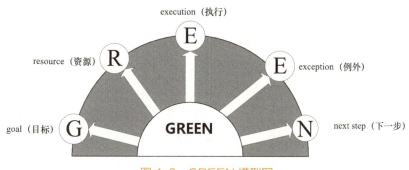

图 4-6　GREEN 模型图

resource（资源）：需要哪些资源？现有哪些资源？

制定合理的目标后，我们要判断达成目标所需的资源，首先盘点自己现有资源，还欠缺什么资源，具体从人员、财物、物品、信息、时间五方面盘点。人员方面，在完成目标的过程中需要哪些人的帮助？有哪些人可以提供支持？我们还需要什么人的帮助。财务方面，在完成目标的过程中我们需要花费多少财务成本？我们现在还缺多少？物品方面，为了达到目标我们需要什么物品？信息方面，我们需要了解什么信息，还需要知道哪些信息。时间方面，为了达成目标需要多少时间，计划多久完成目标，根据时间做好进程计划表。

execution（执行）：具体计划和关键步骤是什么？

在确定完整体目标和盘点资源后，需要制订具体执行计划，计划需要具体到每一周的目标是什么、每一月的目标是什么，可以根据自己执行情况进行调整，将大目标拆解为小目标，制订出具体行动计划有利于我们提高执行力。在制订具体计划时，还需要确认要完成目标的关键步骤是什么，将计划中的步骤按照重要程度做区分，做到心中有数。

exception（例外）：可能会遇到哪些意外/风险？如何应对？

在完成以上步骤后，还需要考虑计划中的意外和风险，提前预测可能发生的意外，我们就可以提前针对这些可能发生的意外准备预防方法和应对方法，可以尽最大可能减小意外带来的危害，更有利于我们顺利完成目标。

next step（下一步）：打算怎么开始下一步？

万事开头难，既然目标、计划都已经确定了，准备工作都做得差不多了，现在最重要的就是开始行动。我们要思考下一步要做什么，什么时候开始做，怎么做，这一步骤的思考，能推动我们开始迈出行动的第一步。

例如，你想要在半年内准备英语六级考试，目标是顺利通过英语六级，需要的资源有：购买考试真题和模拟题、网上的学习视频，下载背单词用的手机 App，请已通过六级的学长学姐传授经验等，执行计划的关键步骤是每天保证背诵六级单词 50~80 个，每三天完成一套模拟题等，可能遇到的风险和意外是自己因为学业比较忙，或者自律性差没有认真背单词和刷题，应对的方式是找同寝室的小伙伴互相监督，互相鼓励。准备从明天开始，从第一步背单词开始。

第 4 章　行动管理：锚定方向、积极行动、应对变化

顾老师补充道："GREEN 模型能有效地引导我们把计划目标细化，进一步落地实施，提升目标执行的可能性，提高行动力。很多人对行动有误解，行动不是浅尝辄止做了就算，行动是明确目标，清楚可能要面临的困难，并且抱有解决困难的决心后才去做，行动是在没有任何人监督逼迫的情况下主动做，行动是付出了百分之百的努力但还是没能成功，那就换个思路给自己一个新的期限后继续做。当没有大方向时，宁可先行动起来，做好眼下的事情，立个小目标，完成了 1 自然就会有 2 的指引。"

4.3　应对变化——拥抱生命中的偶然

4.3.1　周密计划与临时变化的平衡

学会了制定科学合理的目标和计划方法后，小六月做的第一件事，就是给自己列了一个日程计划表，为了弥补前一段时间的空缺，小六月将自己一天中的每一分钟都塞得满满的，并且定了很早的闹钟，早早起来到图书馆占座，给自己营造良好的学习氛围。

计划很美好，可在实际的实施过程中，小六月发现：本来计划表写得好好的，做两个小时的数学题之后要去进行英语的练习，但是数学题因为难度很大而远远超时，导致背英语单词的计划不能实现。一环一环接连被影响，之后的一项项计划都全部作废了，这可极大地打击到了小六月的信心，每天的计划几乎无法按时完成，只能不断熬夜，甚至抱着"反正也做不完了"的想法直接取消。

在混乱中度过了不到两星期，小六月就出现了懈怠和疲惫。晚上预约抢到的图书馆座位，第二天因为困倦也只能勉强睁开眼取消之后继续补觉，等醒来之后再去却早已是人山人海，只好灰溜溜地转战他处。

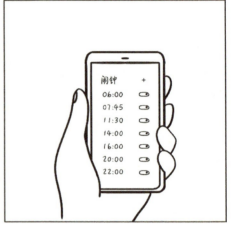

在校园里着急寻找空教室的时候,遇见了同样准备深造读研的室友七七。七七整个人神采奕奕,不慌不忙,小六月连忙上去询问。

小六月:"你不是也要准备考研吗?为什么不着急去图书馆占座赶紧开始学习呢?"

七七:"因为图书馆的占座时间对于我个人的生物钟太不适合了,为了占座可能导致我一上午的无精打采,所以权衡之下我决定在空教室学习。而且我看过教务系统上的教室安排,知道什么时间段什么教室会没有课。"

小六月:"不用着急去教室吗?错过了这段时间会不会导致今天的计划无法完成啊?"

七七:"不会啊,我的计划规定的时间是很宽裕的,不会一个一个挤在一起,只要能最终完成目标就好,就像长跑一样,要合理分配每一段的体力。给你看看我的计划表,我一般对近一个月的事情会做两个计划表,一个是月度计划表,统筹安排一个月内的所有事情,一个是日计划表,也就是每天要做的事情。七七一边说一边展示了自己的计划表(见表4-10和表4-11)。"

表 4-10　七七的月度计划表

七七的月度学习计划表

1. 复习政治科目

第一步：制订月度学习计划，根据知识体系，将各章的学习内容分配到每周。确定每周的学习重点和目标，制订相应的学习计划。（第 1 周）

第二步：梳理知识体系，确定每个知识点的掌握程度，标记出重点和难点。（第 3 周）

第三步：进行月度复习与模拟考试，每周末进行一次复习，巩固本周所学知识。每月底进行一次模拟考试，检验学习效果并调整学习计划。（每周、月末）

2. 参与职业生涯规划大赛

第一步：了解大赛详情与要求，收集大赛相关信息，包括比赛时间、地点、参赛要求、评审标准等。（第 1 周）

第二步：自我分析与职业规划，进行自我分析，评估自己的兴趣、能力、价值观等。制订初步的职业规划，明确长期和短期的职业目标。与导师或职业咨询师交流，获取反馈和建议。（第 2 周）

第三步：根据大赛要求和自我分析结果，撰写职业生涯规划书。职业生涯规划书应包括个人分析、职业目标、实施计划等部分。多次修改和完善，确保文书的清晰、逻辑和吸引力。（第 3 周）

第四步：总结与反思，对整个参赛过程进行总结，分析自己的优点和不足。根据反馈和建议，调整和完善自己的职业规划。（整个月度计划完成后）

表 4-11　七七的日计划表

七七的日计划：按重要程度排序

1. 阅读 2 小时政治教材或相关参考书籍，重点是理解并记忆核心概念、理论和政策。
2. 进行课堂笔记的整理和复习，确保对课堂内容有深入的理解。
3. 做 10 道政治科目模拟题练习，以提高解题能力和应试技巧。
4. 休息和放松，进行简单的伸展运动或听轻音乐，好好吃饭，好好睡午觉。
5. 撰写职业生涯规划书，完成自我分析部分内容。

小六月："七七你的计划表对比我的好太多了，原来日常计划不能安排得这么满，最好按照事项做出一个总计划，再做出每日计划表，并且要给自己留出足够的弹性呀。"

七七："大多数情况下，我们每天都会遇到一些意外的事情来打断原定计划，所以在安排日程的时候，一定要给自己留出足够的弹性。如果你事先把所有的时间段都安排得满满的，一旦无法完成预期的任务，就会感觉很沮丧、焦虑，甚至是紧张，会感觉自己被时间牵着鼻子走。相比之下，如果能够在安排日程的时候为自己留出一些自由时间，就会感觉自己对生活有了更多的掌控，每天的工作和生活也就会感觉更加顺畅，还有一些空闲时间来处理那些不期而遇的问题，或者去把握任何新出现的机遇。"

小六月继续问道："嗯嗯，你说得太正确了，那你在遇到意外打乱计划的情况时是如何应对的呢？"

七七："首先，我是把每天必须要完成的计划事项排在前几项，尽量把这些必须完成的事项提前完成，这样被打断的时候就不会过于焦虑或烦躁。其次，我会为重要事情留时间余量，安全的方式并不是在截止线之前卡点完成，而是留出应对意外事情的时间余量。然后，对不合理或不在计划中的非重要事情说 NO。比如前几天我因为要完成我的职业生涯规划大赛决赛的演讲准备，拒绝了强强的看电影邀请，但我也答应他后天可以和他一起去。如果可能的话像我这样提出一个替代方案，以满足对方的某种需求，同时又不打扰自己的学习计划不失为一种好方法。最后，就是给自己一些容错性，坦诚地接受目前没有达到目标的事实，抓紧进度完成当前任务，找到问题所在，重新制订计划，尽心尽力，继续出发。"

度过了面对变化束手无策的几天，小六月尽快调整过来，用科学的理论和方法帮助自己做出适当的调整，现在她的生活也重新回到了掌控之中。

4.3.2 让偶发事件点亮精彩人生

在按照计划稳扎稳打备考的这段时间，小六月也对考研、就业的形势和研究生的学习生活进行了了解，小六月发现周围的大部分同学与自己的想法一致，抱着继续提升学历增加竞争力的想法纷纷加入了考研的队伍，这对小六月来说可不是个好消息，她被录取为研究生会更加艰难。同时，小六月想要报考的学校尽管没有调整招生名额，但却将专业课考试的参考书目进行了调整。考试范围的调整和难度的增加无疑让情况雪上加霜，除此之外随着年龄的增大也需要更多地考虑家庭因素，小六月的父母突然表达了对她就业的期望，希望她能尽早工作，帮助家里减轻经济负担。小六月不得不考虑是否放弃考研而去找工作来支持家庭。情况的变化让小六月原本坚定的信心开始动摇，心中的彷徨也多了几分。

而在这时候，小六月的一些同学正在忙碌地实习，看着这些同学晒出的日常，小六月也怀念起了自己实习的快乐时光：每天在职场中与新鲜的事情打交道，在实际的工作中锻炼自己的能力，与同事齐心协力完成任务，而且还受到领导的肯定，证明了自己的工作能力……小六月也收到了一份非常诱人的工作邀请，这份工作的薪酬和职业发展前景都非常理想，让她开始重新考虑自己的职业规划。

在这样的两方面的变化冲击下，小六月摇摆不定，纠结极了。早上想着的还是"考研好，能够实现深造的梦想"，晚上就变成了"不如还是就业吧，尽早独立起来"，如此反复，小六月学也学不好，吃也吃不香，效率一下子低了下去。

带着困惑和问题，小六月又找到了顾老师咨询。顾老师没有立刻回复小六月的问题，而是先带着小六月做了一个有趣的活动。

回忆在你过往生命中看起来属于偶然、变化、突发的事情，在一张白纸上把它们写下来，可以用不同的颜色、不同的图形将这些事情分别圈起来，写在白纸的不同位置，能想到的都记下来。再在纸的中间画一个小人，代表今天的自己（如图4-7所示）。接下来请你仔细梳理，回答下面的问题：

（1）虽然这些偶发事件发生在不同的时间，但它们之间有什么联系吗？

（2）每一个偶发事件对今天的自己有怎样的影响？那些对你有重大影响的偶发事件背后是因为做了什么反应？采取了什么行动？

（3）请你在有关联的事件之间、事件与今天的自己之间画上箭头并做标注，同时把你的发现记录下来。

小六月仔细回想自己成长的路上除了当前考研与就业中会遇到的这些事情，还发生过许多偶发事件对自己规划影响深远。

小学时小六月偶然间参加了一个社区活动，在活动中遇到了一位知识渊博、富有激情的退休老师。这位老师的悉心分享和指导激发了她对交通领域的热爱，为她今后的选择奠定了基础。初中时参加了一次科技竞赛，她设计的一个简单实用的创意小发明意外获得了评委的青睐，并赢得了奖项。这次成功让她对科技和创新产生了浓厚的兴趣，并激励她未来投身科技领域。在大学期间，原本比较内向的自己在舍友的鼓励下选择加入兴趣社团，并积极参与其中。认识了一群志同道合的朋友，虽然组织活动确实耗费了时间和精力，但也帮助她发现自己的领导才能和兴趣爱好。这些正面的偶发事件不仅能为小六月带来意外的收获和成长，还能让她在追求梦想的道路上更加坚定和自信。

社区活动　　　科技竞赛　　　兴趣社团

小学时参与的社区活动培养了我对交通运输领域的兴趣。

科技竞赛增强了我的自信心和学术兴趣，激励我投身科技领域。让我在大学期间有更大的兴趣参与科研项目。

大学期间的社交活动不仅让我结识志同道合的好朋友，扩大了我的交际圈，还让我在实习时获得了朋友内推的机会。

每一步的积累和成长塑造了今天的我

图4-7　小六月的偶发事件梳理

顾老师："小六月，你看看这张图，有什么感想和发现吗？"

小六月："这些偶然发生的事件以往我觉得好像跟现在的自己没有什么关联，但现在看起来还是有很大关联的。通过这些分析和连接，我发现生活中的偶发事件并不是完全孤立的。它们之间往往存在着微妙的联系，每一步的选择和努力都在为未来的自己铺路。此外，我还发现抓住机遇和积极应对挑战是成长过程中的关键。当面临偶发事件时，我的反应和行动往往决定了这些事件对我的影响程度。因此，保持敏锐的观察力和积极的心态对于个人发展至关重要。"

顾老师："是的，当盘点过后，你会发现今天的自己是过去一个个偶然事件串联起来的结果，人生是不可预测的，偶发事件贯穿于我们整个生活中，事实上很多影响你一生的事情，在你出生以前就已经发生了，比如你无法选择父母、出生地，在学校有些同学、老师也是无法选择的，当这些偶发事件发生时，我们能做的是掌控自己的行动和态度，有些偶发事件为我们打开了机遇的大门。"

"但规划还是必要的，我们不能完全依靠偶发事件，因为生命中所有的偶然都不是莫名发生的，偶然中存在着必然，很多偶发事件的发生是基于之前选择和行动的结果，而这些选择和行动的产生又是基于我们规划的目标，偶发事件产生后也会让我们产生新的目标或者调整过往目标。"

小六月频频点头："嗯嗯，您说得太有道理了，那看来我的目标是时候调整一下了。"

顾老师："目标的确立不是一劳永逸的，在你执行计划的过程中，很有可能因为自己能力的提升、兴趣的扩展、接触到新的信息、环境出现新的机遇等原因需要你调整计划，甚至重新设定目标。不要害怕改变，改变意味着你将获得更多以前未曾想到过的机遇哦。"

"我们要对自己和外部环境都保持开放好奇，即使已经制定了目标，并且已经朝着目标行动起来，也不妨碍你随时接纳自我的变化和环境的变化，积极听取他人的建议，体验环境中新的因素，主动接近新的机遇。随时反思你遇到的新鲜事物，养成观察环境的习惯，提升对环境变化的敏锐度，尝试拥抱和规划偶然，充分利用偶发事件，探寻人生的更多精彩。"

第 5 章

智慧职场：实现人岗匹配 如鱼得水

大学三年，小六月的生活忙碌而充实，时间来到了最后一个学年。经过前三年的不断历练和积累，小六月做出了适合自己的决策，她决定毕业先就业，后续再择机深造，所以这一年她最重要的目标是找到一份"好"工作，为进入人生的新阶段做好准备。求职不易，找到"好"工作更不易，在这个过程中，小六月遇到了哪些问题和困惑呢？

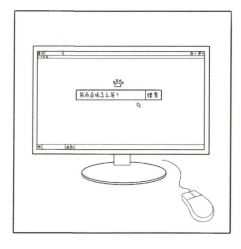

5.1 工欲善其事必先利其器

5.1.1 三步选定职业蜜罐区

大三学年结束的暑假，小六月就着手准备找工作这件事。小六月在浏览学校就业资讯网时发现有很多公司都在网站上投放了岗位，但是岗位众多，即使是搜索关键词为"交通运输专业"，其结果也显示了好几十页。小六月要从这众多的岗位里选择一个，这令她十分纠结。对于高薪的工作，小六月非常心动，但是对于岗位里描述的工作内容却又觉得不喜欢和十分头疼，对于自己喜欢的岗位，却又担心实际的工作内容和自己想象的不一样，所以到底应该选择什么样的岗位呢？

于是小六月整理了网页上现有的岗位信息，准备向就业导师顾老师求助。

小六月："顾老师，就业资讯网上的岗位信息使我有些眼花缭乱了，而且其中也有一些高薪的工作，但是详细的工作内容又让我发怵，顾老师你能帮帮我吗?"

顾老师:"小六月,赚取高薪养活自己很重要,但是也不能完全不考虑自己的想法和能力呀,真正的好工作不是别人口中的好,适合自己的才是最好的工作。"

小六月:"顾老师,但是我不知道什么样才算适合自己的好工作?"

顾老师:"生涯规划领域对适合的工作有个名词叫'职业蜜罐区',你想象一下自己吃蜂蜜甜甜的感觉,职业选择中也存在这样一个区域能够使你非常地舒适。一个人工作满足感来源于三个主要方面:兴趣、技能和个性,兴趣就是那些让你感到兴奋有趣并愿意持续做的事情,技能是天生或后天习得的能力,也就是你能轻松做好的事情,个性指的是你喜欢的工作内容,以及和人打交道的方式,这三者的重叠区就是你的'职业蜜罐区'。"(如图5-1所示)

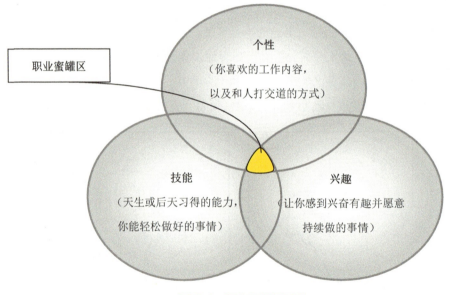

图 5-1　职业蜜罐区图解

小六月:"顾老师,那有什么方法能帮助我快速找到自己的'职业蜜罐区'吗?"

顾老师:"当然有,推荐你使用霍兰德职业兴趣测评,这个测评是由美国职业指导专家霍兰德根据他本人大量的职业咨询经验及其职业类型理论编制的测评工具。霍兰德认为,个人职业兴趣特性与职业之间有一种内在的对应关系。根据兴趣的不同,人格可分为研究型(I)、艺术型(A)、社会型(S)、企业型(E)、传统型（C）、现实型（R）六个维度，每个人的人格都是这六个维度的不同程度组合。而现实社会的职业特性也对应这六个维度的组合，当人格类型和职业类型相匹配时，会对工作有很高的满意度，也就是我们说的蜜罐区。"

小六月："太好了，我该怎么运用这个测评工具呢？"

顾老师："你可以使用咱们学校'就业资讯网-职业测评平台'（job.bjtu.edu.cn），也可以使用'全国大学生学业与职业发展平台-职业测评模块（https://xz.chsi.com.cn）'，这两个官方网站都有完整版的测评量表，测评做完后也会结合你的专业推荐职业呢。"

小六月测试结束后，迫不及待地提问："顾老师，我的测试结果是这样的，六种类型我都有，这代表什么？"小六月向顾老师展示了测评结果（如图5-2所示）。

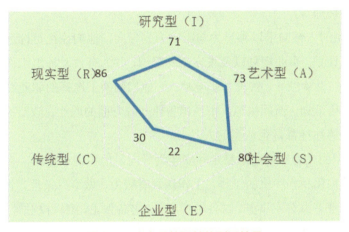

图 5-2　小六月的霍兰德测评结果

顾老师："小六月，你先别急，这六种类型分别有不同的特征，我们分别来看看。"

"首先，**现实型**的人往往以任务与技能为导向，喜欢具体工作任务，喜欢和物打交道，动手实操能力比较强。他们身体机能及机械协调能力较强，常常沉浸于工具与技术的世界当中。比如技术行业的工作人员、工程师、技师、运动员、特技演员、厨师等，比如我国著名的古代发明家鲁班。"

"**研究型**的人喜欢以真理和任务为导向，他们喜欢探索和理解事物，习惯用理论思维或偏爱数理统计工作，他们往往好奇、内省、理性、逻辑思维强。喜欢具有创造性、挑战性的工作。这一类型适合的职业有科学家、研发人员、医学及数理统计人员等。像'杂交水稻之父'袁隆平，中国现代桥梁之父茅以升、中国航天之父钱学森等人都是研究型人才。"

"**艺术型**的人往往是以追求美感和完美为导向。他们喜欢自我表达，对具有创造想象及自我表现空间的工作表现出明显偏好，他们有想象力和创造性。倾向于选择的职业有各类艺术创造的工作，包括美术设计、音乐、舞蹈、文学、戏剧等方面的职业。"

"**社会型**的人追求以和谐和服务他人为导向，他们对和人打交道的事情感兴趣，通常擅长社交，善于表达，愿意帮助他人，具有人道主义倾向。他们适合的行业有教育、服务、医疗保健、商品营销，适合的职业有教师、社会工作者、护士、心理咨询师等。"

"**企业型**的人倾向于以领导力与影响力为导向，他们往往目标远大，喜欢制订新的工作计划、事业规划以及设立新的组织，并为有效发挥组织作用而积极开展活动，他们喜欢领导、管理和影响他人。他们倾向于选择的职业有企业经营管理，广告宣传策划，新闻报道，市场销售律师等方面的职业，政治家、企业经理人、培训师等往往都是企业型的人。"

"**传统型**的人喜欢以追求稳定和安全为导向，他们讲求实际，喜欢按规则办事。喜欢结构化和程序化的工作，工作认真有毅力，做事有条理，责任心强。倾向选择的职业有办公室事务，财务经理事务，警备保卫，编辑校对等方面的工作，比如公务员、财务人员、行政管理人员等。"

"小六月，我们每个人都有六个类型，要看哪些类型对比更突出，不要看每一项的得分，最重要的是看对比度，还要看最高的一项或两项和最低项。你的职业兴趣类型最突出的是 E，然后是 S 和 C，分数最低的是 A，你觉得三个类型的描述与你相符吗？有哪些相符的地方，又有哪些不相符的地方？举个例子说说。"

小六月："我觉得有些地方相符，有些地方不相符，比如虽然我在 I 类型即研究型的分数不是最高的，但其实我在平时学习中遇到难题时还是很乐于刻苦钻研的，而且通常也能通过研究结论解决我的难题。再比如，我虽然喜欢动手操作，但是相比较还是更喜欢创新性地思考一些解决方案，这个 R 类型的测评分数有点太高啦。S 类型的测评结果倒是与我很相符，我平时就很喜欢和别人沟通聊天，社交对我来说一点都不是问题。能够在他人遇到困难的时候及时地提供帮助，对我来说可是能快乐一整天的事情……"

顾老师点点头："测评的结果会受到各方因素的影响，比如外在环境和内在情绪状态，另外，测评结果是根据大量样本得出的结论，但这个结论也只是大多数人符合这个特征而已，就像正态分布，所以测评结果中会有部分内容与你不太相符，测评只是辅助我们客观认识自己，深入思考自身特点和职业之间的关系，定位适合自己的职业领域。"

顾老师接着说道："所以，我们做完测评之后要反思，澄清真实的自己。"

小六月又发问了："顾老师，那澄清之后呢？我们都是交通运输专业的学生，但是测试出不同的类型，该怎么联系职业呢？"

顾老师："这就是我们第三步要做的，把职业兴趣类型跟专业和职业联系起来，同一个专业也可以从事不相同的岗位呀。"

"咱们拿交通运输类专业来说，ESC 三个代码分别是企业型（enterprising）、社会型（social）、传统型（conventional），这种组合的人可能对交通运输的商业、管理和行政方面感兴趣。他们可能具有领导和组织能力，喜欢与人打交道，并处理数据和细节。比较适合从事交通规划、物流管理、运输营销和客户服务等方面的工作。"

"ICR 三个代码分别是现实型（realistic）、研究型（investigative）、传统型（conventional）。这种组合的人可能对交通运输的工程、技术和研究方面感兴趣。他们可能喜欢解决实际问题，进行深入研究和数据分析。比较适合从事交通设施的设计、建设和运营工作，以及交通政策和法规制定等方面的工作。"

"当然，如果突出的兴趣类型较多或者都不明显，我们要关注一下分数较低的类型，避免做最不喜欢的工作，有时候不喜欢比喜欢更稳定且持久。"

小六月："哦哦，我明白了，也就是第一步做测评，第二步反思澄清，第三步匹配职业。"

顾老师补充道："总结得非常好，这三步就可以找到我们的'职业蜜罐区'啦。最重要的是，职业兴趣固然有'天生'的成分，但更多地需要'后天'实践的强化和有计划性地培养，不是兴趣测验告诉我们兴趣类型，而是我们的生活经历在潜移默化中形成了具体的、现实的、稳定的兴趣。继而，在兴趣的引导下，会越来越多地关注与此相关的事物，会在某个方向上有所积累，收获更多的知识、能力、经验，更加清晰地知道自己要做什么。可以说，我们能在行动中养成兴趣，在行动中发展兴趣。"

5.1.2 求职不可忽略的五要事

小六月从学校就业与创业指导中心官方微信公众号上看到就业指导文章——《求职不可忽略的五要事》，这篇文章对她帮助很大，正好提醒了她求职以来忽略的一些事情，主要内容是：

1. 求职方向要先定

求职开始前应综合分析自身兴趣、专业、能力、性格、职业价值观等因素，确定求职方向，建立求职 A、B、Z 方案。符合兴趣、满足职业价值观，又与专业相关的求职方向为 Plan A，也就是你喜欢、你能做、你愿意做的职业方向为 Plan A；仅仅你能做但是不喜欢不愿意的职业方向为 Plan Z，例如，有些同学对自己专业不感兴趣，但凭借专业能力找到一份差强人意的工作并不难；Plan B 是介于两者之间，根据自身情况确定的职业方向。Plan A 需要你垫脚才能够到，Plan Z 是你保底的糊口工作，Plan B 解决高不成低不就的问题。

确定好求职方向可以避免盲目海投，针对求职方向撰写不同侧重点的简历，避免一份简历走天下的误区，也借此梳理了面试中常见"说说你的优点、缺点"等问题，是顺利开展求职的重中之重。

2. 职业信息要探究

确定好职业方向后，需要对职业方向对应的行业、企业、职业信息进行深入研究，了解行业现状和发展趋势、行业的供应链关系及营利模式、行业中知名企业名称、企业的文化和发展现状、工作内容、招聘要求、薪资待遇、职业发展路径等。同时，要注意对探索后的信息进行甄别，并结合自身情况深入分析，避免"小马过河"误区。

充分研究职业方向的行业、企业、职业信息，可以描绘出职业的胜任力画像，拆解出岗位能力，撰写与岗位匹配度高的简历，面试中常见"了解我们公司吗、为什么能胜任这个岗位"等问题就可迎刃而解。更重要的是，通过对职业信息的掌握，能合理规划自己的求职期望，同时为后续 offer 选择奠定信息基础，避免管中窥豹。

3. 求职过程要管理

求职过程中毕业生通常投递的简历数量非常多，涉及多家企业和多个岗位。每家企业的招聘流程和招聘要求不同，为了记住这些关键信息，一定要做好求职过程管理。可以选择最简单的 Excel 表格记录自己的求职过程，须包含以下几项重要信息：投递时间、企业名称、企业介绍、投递渠道、投递进展、岗位名称、岗位要求、工作内容、笔试结果追踪、电面结果追踪、群面结果追踪、单面结果追踪、其他情况说明等。

做好求职过程管理可以帮你梳理求职进度，清晰求职信息，为后续求职行动的开展和 offer 选择提供依据。此外，当接到面试电话时，火速打开求职过程管理表格，利用线上面试"打小抄"的机会，找准时机大致介绍企业和岗位情况，也会给 HR 留下良好的第一印象。

4. 求职后续要追踪

很多毕业生投递简历后未收到面试通知或面试后觉得自己表现不好就不了了之，如果求职的企业和岗位是你非常心仪的，可以给面试官发一封面试感谢信、给企业 HR 发一封询问邮件等，抓住最后机会争取一把。要注意使用面试官最能接受的方式，评估邮件、微信、电话哪种方式最合适。同时，做好被拒绝的最坏打算，放平心态。

求职后还需对自己的求职过程进行追踪分析，总结面试表现中的亮点和槽点，保留精华，思考可以改进的地方，避免犯重复错误。求职后不思考，就像用战术上的勤奋掩盖战略上的懒惰，只有不断地总结复盘和刻意练习，才能在下一次的面试中表现得更好，实现螺旋式成长。

5. 三方签署要审慎

过五关斩六将终于拿到 offer，签订三方协议时不要心急，认真研读协议条款，企业给出的承诺要落实到协议中。尤其对企业给出的薪资待遇要详细追问，如给出的薪资是税前还是税后、五险一金的标准、薪资的体系构成、其他福利待遇等。此外，如果对签订三方的企业不是特别满意，一定要提前了解学校的违约政策和流程，不是所有情况都可以违约，同时注意企业是否在三方协议上备注了违约条款或补充签订了违约协议，做到审慎签约。

求职本质是一场自我营销，清晰的自我定位+合适的营销方法才能脱颖而出。求职的核心竞争力是你的能力、素质、品质、态度等，就像谈恋爱，始于颜值，陷于才华，终于人品。求职虽不易，但孜孜不倦，锲而不舍，必有回响！

5.1.3 健康的择业心理准备

就业动员大会召开之后，校园里充满了对于找工作问题的讨论，同学们热火朝天地讨论着、分享着，也抱怨着、迷茫着。学校为了缓解和帮助大家所面临的就业问题，布置了一块留言板以供同学们写下自己的问题和情绪。

顾老师在整理留言板内容时特别关注到了以下几位同学的发言：

"我认真看了每个公司的招聘简章，但是却不敢去和公司的 HR 来一个面对面的交流，我老是在想自己的能力到底能不能达到公司的要求、我会不会太差这类的问题，身边的同学们都收到了面试的通知了，我却还没把自己的简历投出去……"

"最近我向世界 500 强的公司投递了自己的简历，我对自己的能力很有信心，我的目标只有这个公司，所以我没有投递其余的公司，但是这已经一个月了还没收到面试通知，我还要继续等下去吗？"

"我周围的同学都已经找到了心仪的工作，但是我还没有收到一个面试的通知，我觉得我们能力相当，我深感焦虑和疲惫，我难道真的太差了吗？"

……

顾老师看完一条条匿名的留言，发现同学们在就业心态方面出现了一些问题，因此准备组织一场针对留言板中择业心理素质问题的活动。同学们一看到邮箱里的活动信息，纷纷报名参加。

活动当天，报告厅里坐满了同学，在大家的期待中，主持人宣布本次活动开始。

顾老师:"各位同学,很高兴能够再次见到大家,我们今天活动的主题是大学生择业心理素质,大家在找工作的阶段可能多多少少会产生一些困惑和负面的情绪,但是这很正常,不只是你们,即使很多刚刚走出大学校园的大学毕业生,在告别了单纯、清静的大学生活投身社会之后,也常常感觉到自身与社会之间存在一些心理矛盾和心理落差。"

有同学举手提问说:"顾老师你能具体说说有什么落差吗,我们好打一打预防针。"

顾老师回答说:"这位同学的提问非常好,大家有什么问题都可以及时地提出,我很愿意解答同学们的提问,说回心理落差,比如说职业理想与职业目标、应聘岗位与所学专业的落差,理论知识与实践能力的落差,还有主观愿望与客观实际的落差、学习习惯与社会要求的落差、学校教育与社会现实的落差、社会需要与自我完善的落差,等等。

"你们现在所面临的是择业过程,面对充满竞争的市场,咱们的大学生也可能会出现一些情绪问题,严重一些的也可能出现一些心理障碍,比如说情绪障碍,常常感到焦虑、急躁、恐怖等,还有自我认知障碍就比较显著地体现在过于自卑或者过于骄傲,人际心理障碍也是一种心理障碍,嫉妒他人、自己过分怯懦,等等。

"同学们如果感觉到自己出现了一些心态上的问题,不要紧张,顾老师今天就是来为同学们进行心理调适的,首先我们进行一个纸飞机的游戏,我鼓励大家做自己情绪的主人,勇于放飞自我。"

顾老师发给同学们每人一张彩色的A4纸,鼓励大家在纸上匿名写出求职过程中哪些事件会引起自己或生气、难过,或焦虑、害怕,或丢脸、无助等感觉。

我最生气的一件事:_____。

我最难过的一件事:_____。

我最焦虑的一件事:_____。

我最害怕的一件事:_____。

我最丢脸的一件事:_____。

我最无助的一件事:_____。

"同学们，写完之后先自行思考这样一个问题，出现这些负面情绪后，你是如何处理的？"

"思考完之后，请同学们自愿进行分组，可以三人或者五人一组，分享求职过程中遇到挫折勇于面对、不言放弃、继续找寻、终获 offer 的方法和经验。"

同学们听完顾老师的话之后，纷纷进行组队分享，刚开始大家有些羞涩和难以开口，但是在慢慢讨论和分享中渐渐熟悉起来并建立了信任，最后整个报告厅充斥着热火朝天的讨论。等会场渐渐安静下来，同学们之间的分享结束。

顾老师说道："请各位同学将这张写满负面情绪的纸折叠成一只纸飞机，用尽全力向空中放飞、抛开。"

同学们奋力地抛出纸飞机，一只一只的纸飞机在报告厅划出一道道弧线。

顾老师："现在请同学们捡起身边最近的一只纸飞机，可以打开看一下其余同学写的内容，体会一下感受，当然也为了保持报告厅卫生哈。"

同学们听到顾老师的话纷纷笑了起来。

"同学们之间也已经讨论过了，其实历年的学长学姐也经历过你们这些阶段，因此他们也留下了一些宝贵的经验，老师将其分享给大家，首先要发现优势、建立自信，在实习面试和求职过程中，有的大学生希望给用人单位留下好的印象，但又总是怀疑，不相信自己能够做到，所以只要置身于陌生人面前，便会产生不知所措的惊慌。缺乏自信的人不敢坦率地介绍自己，不敢大胆地推荐自己，但是，面对激烈竞争的人才市场，只有建立自信、敢于竞争才能够掌握求职的主动权。看到自己的长处、优势是建立自信的前提，通过暗示增加自信，提前做好充足的准备，减少紧张，勇敢面对。"

"其次，准备充足、反复演练。用人单位组织现场面试不仅是为了了解求职者的知识和人品，更重要的是通过相互交谈来测试求职者的应变能力和处事能力。如果因为没有提前准备好而过度紧张，甚至怯场，那么，求职者的能力、才华就无法展现，就可能错失求职成功的机会。要尽可能多地去参加各种类型的'人才交流会''人才洽谈会''毕业生供需见面会'，把这些经历看成锻炼自己的机会。此外，用人单位也可能组织线上视频面试，在准备阶段，可以先对着镜子练习，或先在熟人的面前练习，并请他人给自己提意见或建议，以锻炼自己的表达能力，熟练运用推荐自我的技巧，培养对羞怯心理的抵抗力。"

"希望大家正确地对待挫折、劣势与失败,对于无法改变的事实不要过于执着,尽量避免心理冲突,对于心理落差和心理障碍造成的消极影响进行预防,将其影响降到最小。"

"另外,我注意到,有些同学把就业期望定位在高薪酬、高福利、政府部门、国企央企,或经济发达地区等,但是在面对严峻的就业形势时,所收获的结果不好,于是产生了巨大的落差,其实大家可以根据市场需求合理地调整就业期望值,社会中是有各种各样的岗位的,除了一线城市,二、三线的城市也有很好的发展机会,还有很多针对应届大学生的人才引进政策,比如杭州目前对来杭工作的本科及以上学历应届毕业生,一次性生活补贴1万~5万元,对在杭州西部区县工作满三年的大学生,还有额外补贴;青岛对大学生发放每月500~1 500元的住房补贴等。除此之外,如果对于大型企业就业岗位的求职并不顺利,可以试着将目光向中小企业的类似岗位转移,还可以考虑加入一些初创公司。"

"最后,给同学们打打气,求职是主观的,即使一次不成功也不要否定自己,择业的过程也将培育你们豁达乐观、自尊自信、理性平和、健康向上的心理状态。"

5.2 简历和面试的底层逻辑

5.2.1 证明合适而非优秀

在明确自己的职业定位后,小六月做出了求职A、B、Z方案,A方案为争取留在北京的大型国企、央企,应聘能够发挥自己交通运输专业知识的岗位,工作内容最好是与规划设计或是科学研究相关。B方案为选择老家所在地区的铁路局,向客运段的运行控制岗位投递简历。Z方案为筛选一些发展前景良好、福利待遇也不错,但与自己专业不太相关的企业,尝试投递对专业限制不大的营销类或行政类岗位。针对不同的求职意向岗位小六月共投递了30多份简历。然而，半个月过去了，大部分的简历石沉大海。有一天小六月终于收到了一条面试的通知短信，小六月非常高兴，兴冲冲地准备这次面试。

某天下午，小六月深吸一口气，推开了面试间的门。一走进去，小六月就感受到了严肃紧张的气息，两位面试官正襟危坐，审视的目光让她很不自在，她紧张地坐下，刚想说"面试官好"，面试官的问题却已经脱口而出："介绍一下你自己。"小六月一时语塞，思考了一会，才说出了自己临场发挥的自我介绍，面试官又问，你在校期间参加过专业类的竞赛吗？

小六月："当然有，是大二那年，我参加了校级的大学生交通运输科技大赛，获得了二等奖。"

面试官："那你的简历当中为什么没有写呢？"

小六月："这个……"

面试官："在校期间参加过什么学生工作吗？获得过哪些荣誉？"

小六月："我在学院学生会的宣传部门担当过学生干部，获得过一次奖学金。"

面试官："能熟练使用办公软件吗？"

小六月："没问题。"

面试官："好了，回去等通知吧，还有，以后制作简历记得要用心一点。"

小六月失望地从面试间走出来，她觉得自己和面试官沟通的时候非常紧张，甚至偶尔不在同一个频道上，而且面试官对自己的简历似乎很不满意。这使她不

断纠结,简历到底该怎么做,看来求职可并没有我想象的那么简单啊,我还是需要学习更多面试和制作简历的技巧。等了几天之后,小六月收到了一条通知短信,是一条表达抱歉并且没能录用的短信。

每周四下午,学校为毕业生提供求职指导工作坊,小六月带着困惑来到了工作坊现场,本次工作坊邀请到了资深企业 HR 高经理为同学们做指导。

工作坊开始前,高经理给同学们出了一道选择题:假设你是一名企业 HR,现在要招聘一名技术助理,这个岗位需要经常出差,且出差条件艰苦,你会选择以下两位求职者中的哪位?1 号求职者是位宝妈,在哺乳期,有 3 年相关工作经验,业绩优秀,自述希望平衡家庭和工作。2 号求职者是单身女孩,有施工单位现场工作经验 1 年,个人评价是能够吃苦耐劳。

同学们一致表示会选择 2 号求职者,原因是 2 号求职者比 1 号更符合岗位要求。

高经理总结道:"所以,我们**企业招聘的原则是选择最合适的人,而非最优秀的人**。了解了这个招聘原则,大家就知道开始求职前一定要先分析岗位招聘信息,这样就能有针对性地撰写简历和应对面试了。那下面我们先来学习一下如何拆解岗位招聘信息。"

高经理举出实例:"招聘要求是精通英语,师范生优先,学生干部优先。要匹配该岗位,我们应该通过英语六级,有教师资格证或相关实习经历,有社团、学生会或班委经历。那同学们在简历或面试中该如何描述自己的经历呢?"

同学们七嘴八舌讨论了起来。

"通过英语六级,有教师资格证,获得过优秀班干部、奖学金等。"

"能独立与外国人交流或担任过翻译。"

"在某公司教育实习或实践过,取得了一些成果,有很好的沟通和表述能力。"

"组织过上百场学生活动,取得……成果,组织管理能力强,有团队协作精神。"

"……"

高经理回应:"同学们说得非常好,接下来我们学习一个模型,以更加规范地拆解岗位招聘要求,有人听说过企业岗位胜任力模型吗?这个模型也叫冰山素质模型。"

小六月举手："我知道,北北学长之前详细给我讲解过。"

高经理请小六月为同学们进行了冰山素质模型的介绍。(冰山素质模型详见 2.2.1 企业岗位胜任力模型)

高经理展示出一则招聘简章(如图 5-3 所示),带领同学们使用冰山素质模型进行拆解。

交通运输行业**公司招聘简章

岗位名称:BIM 交通工程师

岗位职责:

1. 负责利用 BIM(building information modeling)技术进行交通基础设施的设计、建模与分析。

2. 协同项目团队进行交通规划方案的模拟与优化。

3. 负责 BIM 模型的数据管理与维护,确保模型信息的准确性和完整性。

4. 参与项目会议,与各方沟通 BIM 模型的应用与需求。

5. 跟踪 BIM 技术在交通行业的最新发展,推动 BIM 在交通工程中的应用与创新。

任职要求:

1. 交通工程、土木工程等相关专业本科及以上学历,具备 BIM 技术应用经验。

2. 熟练掌握 BIM 建模软件(如 Revit、Civil 3D 等)及相关分析工具。

3. 了解交通基础设施设计的原理和规范,具备基本的交通规划知识。

4. 具备良好的团队协作和沟通能力,能够与不同专业背景的人员有效合作。

5. 对 BIM 技术在交通工程中的应用有浓厚兴趣,具备较强的学习能力和创新意识。

图 5-3　招聘简章样例

第一个拆解部分是知识与技能,也是冰山水面以上的部分:

● 专业知识:掌握交通工程、土木工程等领域的基本知识,了解交通基础设施设计的原理和规范。

● BIM 技能:熟练掌握 BIM 建模软件及相关分析工具,具备 BIM 模型创建、编辑、分析和管理的能力。

- 跨专业知识：了解与交通工程相关的其他专业领域（如结构工程、机电工程等）的基本知识，以便在 BIM 模型中实现多专业协同。

第二个拆解部分是社会角色与自我认知，对应的是冰山水面以下浅层部分：

- 社会角色：作为 BIM 交通工程师，需要在项目团队中扮演技术专家的角色，为项目的 BIM 应用提供技术支持和指导。
- 自我认知：了解自己的技术能力和专长，能够客观地评估自己在 BIM 技术应用方面的水平，并有针对性地进行提升。

第三个拆解部分是特质与动机，也就是冰山水面以下深层的部分：

- 特质：具备细心、耐心、责任心等品质，能够认真对待每一个 BIM 模型，确保模型的准确性和质量。
- 动机：对 BIM 技术在交通工程中的应用充满热情，渴望通过自己的努力推动 BIM 技术在交通行业的发展和普及。同时，追求个人职业成长和价值的实现。

高经理补充问道："请同学们再思考一个问题，在校园招聘时，求职者没有工作经验，怎么推算出适合公司的？社会招聘时，即使求职者有工作经验，那也是在别的公司的经验，从哪里推算出适合公司的？"

小六月猜测道："通过过往经历推算？"

高经理："是的，招聘时是通过过往的经历了解求职者的素质，我们会尽可能希望求职者在简历中详细而具体地描述自己的过往经历、行为想法、业绩成果，面试中也会进行更深入和更细节的考察，比如设置情景问题，了解求职者在特定工作情境中的思想、感受和行动。"

高经理总结道："所以，**求职其实是一场开卷考试，我们要找清楚考试重点，也就是招聘岗位的冰山素质要求，然后提前准备相对应的答案，证明自己是最适合这个岗位的人，再多加练习，保证面试时正常的临场发挥。**"

5.2.2 打造简历的生命周期

求职指导工作坊的下半场，高经理为同学们详细讲解了如何撰写一份脱颖而出的简历并进行有效投递。

高经理提到：在职场中，简历对于一个人的作用有多大，你无法想象。公司的 HR 凭借简历就可以迅速地判断这个人是否能够胜任工作。

那么，简历由哪些最基本的板块构成？哪些内容属于干扰信息？哪些写在简历上反而是减分项呢？哪些内容在 HR 眼中才是亮点？才是应聘者的加分项呢？

高老师拿出道具："咱们先来做一个简历碎片拼贴游戏。"

小六月的排序（如图 5-4 所示）：

（1）个人信息：包括姓名、出生年月、性别、籍贯、政治面貌、联系方式（电话号码和 E-mail）等。

（2）教育背景：包括毕业院校、所学专业、学位、学历、主要课程等。

（3）求职意向：包括职业的地域、行业、岗位等。

（4）实践经历：包括学习、社会职务或活动、义务性工作（志愿者）、社区性工作、实习实践以及在这些工作中用到的工作技能等。

（5）技能证书：包括技术能力优势、外语和计算机水平及其他技能证书。

（6）荣誉奖励：包括三好学生、优秀团员、优秀学生干部，参加各种比赛所获奖项、各种资格证书以及奖学金等。

（7）兴趣爱好：包括体育、艺术等方方面面。

（8）自我评价：总结自己良好的个性品质，比如，学习能力、沟通能力、问题解决能力、适应能力、团队合作、创新能力和敬业精神等。

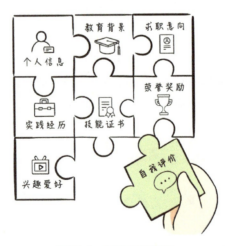

图 5-4　简历碎片拼贴

高经理问道:"同学们,你们觉得一份简历中最重要的部分是上面的哪一项?"

大多数同学选择的是第二项、第四项或者第五项。

高经理:"同学们,其实最重要的是第三项,因为写简历就像是写议论文,求职意向是论点,其他内容都是论据,而一篇议论文最重要的就是论点。还记得工作坊上半场我们提到的招聘原则吗?企业招聘的是最合适的人而不是最优秀的人,所以,写简历的第一步就是确定求职意向,拆解求职意向岗位所需的素质和能力,简历中其他内容都围绕着证明自己能够胜任这个岗位来撰写,所有放到简历中的信息按照趋利原则,凡是能支持论点的论据都要放上去,更能支持论点的论据往前面放。"

"高老师拿着小六月的排序当作对照案例:"其中,第一项个人基本情况,真实姓名用大号字体,取代模板中的'个人简历'字样;手机号码使用××××-××××-××××格式;如果简历上有彩色照片时,不必写性别,照片要放灰底、蓝底或白底的职业照;政治面貌,如果是团员或群众时,不必写。"

"我们刚刚强调了求职意向的重要性,所以第二项一定要写上应聘的岗位名称(招聘专员)或是职位类别(行政类),不写笼统岗位,不同类别的求职意向不要出现在同一份简历上。也就是不能一份简历走天下,根据不同类别的求职意向针对性地准备2~3份简历,比如应聘偏重技术类的岗位时,简历中要多突出专业技术能力,求职非技术岗位时要同时突出通用素质和能力。"

"第二项教育背景,按照时间倒序排列,格式为:起止时间+学校名称+专业名称+学历+GPA/排名,时间精确到月,当然,GPA或排名比较高才写上。如果要写主修课程,不要罗列所有,挑选和求职意向相关的3~5科。"

"第四项实践经历,重点应放在校内实践和校外实习上。一般而言,实践经历也应按照时间倒序排列。但是,如果有些实践经历与应聘的岗位相关度较高,应该按照求职意向岗位相关性排序。撰写的格式:起止时间+公司名称/项目名称/社团名称+岗位名称/担任职务,主要写法:运用什么样的方法?做了什么事情?达到什么样的效果/成果?内容丰富,表达简洁,职业化语言表达,覆盖岗位需求关键词,尤其要重点描述实践做的工作内容、过程步骤,并用数据、绩效结果说明目标实现情况和锻炼提升的能力。可以按照动宾短语的形式描述,比如开展教学评估时每个月完成500份评估问卷分析，累计分析近2 000份。"

"第五项技能证书，格式为技能证书名称+等级/分数，挑选和求职意向相关度高的排序在前，所以一定要提前了解想从事的职业是否有含金量高的技能证书。也可以把技能进行分类，比如专业技能、语言技能、IT技能等。"

"第六项荣誉奖励，格式为时间+所获荣誉奖励名称，合并同类项（如奖学金），不要罗列，比如二等奖学金三次，优秀班干部两次，要挑选和求职意向相关度高的，不必逐条罗列每项获奖。"

小六月问道："我的技能证书和荣誉奖励每一项都不是很多，分到两个版块感觉很少。"

"看你自己的实际情况或最后的简历排版情况，第六项和第七项也可以整合在一块。"高经理回复道。

小六月接着问道："高经理，简历中有必要写兴趣爱好和自我评价吗？用人单位筛选简历时会看兴趣爱好和自我评价吗？如何写得有效果呢？"

高经理："只要你写在简历上的内容，你必须假设HR会看，而且会好好看，所以，不写就不写，只要写就写出亮点，尽可能贴近所应聘的职位要求，简历上每一个字都是有用的。比如，兴趣和爱好，如果你应聘的是设计等相关岗位，就可以写上喜欢图表、爱画画、擅长CAD软件等；如果你应聘的是文案等相关岗位，就可以写上爱看书、喜欢写作、发表'小豆腐块'等；如果你应聘的是市场销售或者井下作业、工程监理等相关岗位，就可以写上经常跑步、游泳、喜欢体育运动等。当然，前提是不要造假，要实事求是，同时，这个兴趣爱好你保持的时间较长，已经慢慢地变成了特长。"

"具体写法是，兴趣爱好后加上证明，例如：喜欢运动，连续4年跑5公里；喜欢阅读，最近半年读过哪些著作。自我评价不要写成词语接龙，按照'概括+简单举证'方式撰写，例如：组织能力强，连续三年担任班干部，带领班级获得过优秀班集体荣誉称号。"

小六月："明白啦，我还有一个问题，之前我的简历是在线下双选会投递的，线上投递简历有什么注意事项吗？"

高经理："线上投递简历时，要注意简历命名和格式，以'应聘××职位+学历+学校+姓名'命名，检查邮件标题ID、签名档、自动回复等细节，简历添加在附件，使用低版本 Word 或者 PDF 格式，最后要争取内推及多渠道投递，比如学校官方网站/微信平台、社会招聘网站、同类专业院校就业网站、校内论坛、家人、老师、朋友、同学推荐等。简历投递后要保持手机畅通，及时查看邮件，心仪的岗位可以通过回访再争取。"

"总结一下，一份简历的生命周期分为三步，第一步锁定意向岗位，拆解岗位需求；第二步内容匹配，适度包装；第三步有效投递，保持跟进。"

工作坊的最后，高经理分享了一份简历自检表工具（见表5-1），提醒同学们使用自检表检验简历完成情况，并建议大家在学长学姐和同学间互相反馈，将简历看成一款产品，不断迭代优化，最后针对意向公司全面投递。

表5-1 简历自检表

简历自检内容	自检情况
简历整体布局（20分）	
简历1页纸，内容充满整页，疏密得当	
简历模板简洁商务	
简历使用的字体没有超过两种	
简历的配色不超过三种	
简历排版整齐、舒适	
简历没有病句和错别字	
简历正文字号在4~5号范围内	
简历中关于实习、实践、科研、项目等经历的篇幅占比不小于50%	
个人信息（10分）	
写明年龄或出生年月	
手机号采用344分隔写法（如131-0000-0000）	

续表

简历自检内容	自检情况
简历采用正式邮箱，如学校邮箱、126、搜狐等，避免采用 QQ 邮箱	
写明了求职意向，没有出现 2 个及以上不同类别的职位	
照片是商务着装的证件照，表情自然放松	
教育背景（10 分）	
写明了毕业院校全称、专业全称、学位/学历名称、大学起止年月	
多段教育经历按时间倒序排列	
写明了专业核心课程或研究方向	
实践经历（40 分）实践经历通常包括社会实习类、校内实践类、科研项目类等	
"社会实习经历"版块写明了起止时间、企业名称、实习岗位、工作内容、工作收获	
"校内实践经历"版块写明了起止时间、组织名称、组织角色、实践内容、实践心得	
"科研项目经历"版块写明了起止时间、课题名称、组织角色、研究内容、研究成果	
实践经历描述中采用了数字或事例说明结果	
实践经历采用了完整、简洁的陈述句，没有疑问句等其他语句形态	
凸显出实践经历与应聘岗位的相关性	
证书与荣誉奖项（10 分）	
所有证书写明了标准中文全称或英文简缩名称	
同类证书只写已取得的最高等级即可	
同类奖学金可合并书写，注明获奖次数	
特长爱好和自我评价（10 分）	
特长爱好具体，与求职意向不冲突	
自我评价字数不超过 150 字	
自我评价围绕求职岗位的特质展开，真实具体	

5.2.3 又爱又恨的面试怎么破

上次在听完高经理的求职指导工作坊后，小六月对自己的简历又做了几次迭代优化，并且将它投递到了多个心仪的公司，今天小六月接到了其中一个公司HR 的电话，询问并通知进一步的面试安排。小六月挂了电话之后既兴奋又紧张，害怕像上一次一样因为没有准备充分而错失宝贵的机会，因此，小六月又来到了高经理的面试指导工作坊。

工作坊正式开始前，高经理提问道："同学们，你们觉得参加企业面试难不难？如果难，那难在哪里呢？"

"太难了"，"不知道怎么回答才合适"，"每次面试都很紧张，之前准备的内容临场都忘记了"，"HR 问我对加班怎么看，感觉这个问题好刁钻"，"让我自我介绍，但是简历上已经写了呀"……同学们七嘴八舌地回复着。

高经理讲道："同学们，求职不是应聘者单方面求取职业机会，面试不是他问你答，面试=相亲，都需要在极短的时间内打动对方，给对方留下深刻而美好的印象，从而为自己争取一个机会。面试本质上是双向沟通交流。要把自己的姿态放平，不要过低，也不要过高。"

"面试从形式上一般分为群面和单面，群面就是我们常说的无领导小组面试。从题目上分为结构化面试和非结构化面试，在结构化面试中，不仅面试题目对应聘同一职位的所有应聘者相同，而且面试的指导语、面试时间、面试问题的呈现顺序、面试的实施条件都是相同的。这就使得所有的应聘者在几乎完全相同的条件下进行面试，从而保证面试的客观和公正。实际面试中，有经验 HR 的提问技巧体现为以下 8 种方式，具体如图 5-5 所示。"

> 大学生涯闯关记

1. 封闭式提问　封闭式提问是一种收口式的提问方式，即让应聘者简单地回答是与否即可，例如"您毕业于×××大学，是吗？"涉及的范围比较小

2. 开放式提问　开放式提问可以让应聘者充分发挥出自己的水平。例如，"对这种做法，您有什么看法？"目的是评估应聘者的回答是否做到条理清晰、逻辑性强、有说服力

3. 假设式提问　假设式提问，即让应聘者置身于某一特定的环境中来思考问题，如"假如您成功地应聘上了这个职位，您将如何开展工作？"主要考察其应变能力、解决问题的能力和思维能力

4. 引导式提问　如"您的期望薪酬是多少？""您过去所负责的部门下属有多少？"这类问题主要用于征询应聘者的某些意向，需要一些较为肯定的回答

5. 追问式提问　就某一问题而引发的一系列问题进行发问，如"您在过去的工作中最成功的一件事情是什么？其成功的因素有哪些？是否还有需要改进的地方？"考察应聘者的反应能力、逻辑性和条理性

6. 重复式提问　重复式提问是面试考官根据检验应聘者的回答来判断自己得到的信息是否准确，如"您的意思是……"，或者是为了确认和探测应聘者的真实意图

7. 投射技术提问　让应聘者在特定条件下对某种模糊情况做出反应，向应聘者展示各种图片，要求其说出观看后的反应、感受，或者让应聘者补充不完整的句子，如"困难就好比……，只要……，最后……"

8. 压迫式提问　面试考官故意提一些具有压力性的问题，考察应聘者在压力下的反应，如"您的工作阅历和专业与我们的职位有一定的差距，您录用的可能性不是很大，您对此是怎么想的？"

图 5-5　结构化面试的 8 种提问方式

高经理接着讲道："无论是哪种形式的面试，自我介绍是第一关卡，属于典型的能提前做好充分准备的必考题。有的同学可能会很困惑，为什么让我作自我介绍啊？简历上已经写得很清楚了，还让我作自我介绍不是多此一举吗？那面试官为什么要明知故问？"

"当你在作自我介绍的时候，面试官一定拿着简历你边讲他边看，他想听听

你是否能够跟这个职位初步听起来契合。另外,简历上的内容那么多,自我介绍就是你要体现的简历中的重点。如果你讲得一塌糊涂,能指望你工作以后给客户讲明白公司的产品吗?如果你讲的内容与简历内容有冲突,就要怀疑你的简历是不是过度包装了。如果自我介绍前言不搭后语,能指望你工作以后把要做的事情安排得井井有条吗?所以自我介绍可以判断简历内容是否注水,初步判断岗位胜任素质和价值取向,还可以考查语言表达、总结概括、时间管控等能力,可以说,自我介绍决定了面试官对你的第一印象。"

"准备自我介绍的核心要点是好剧本+好演员。根据岗位针对性准备30秒、1分钟、3分钟的自我介绍,自我介绍不仅要罗列个人经历,更要突出亮点特色,最后表达上要多多练习,做到流畅、自然。可以参照这个公式:问候+基本信息+3个能力特质/针对岗位的核心关键词/经历(含量化例证)+结束语,也可以借助自我介绍练习卡(见表5-2)工具。"

表 5-2　自我介绍练习卡

开篇	问候	
	基本信息	
主体内容	素质和技能	支撑事例
	1	
	2	
	3	
收尾	我与岗位匹配状况	
	总结与感谢	

小六月的自我介绍如图5-6所示。

尊敬的面试官，您好！我叫小六月，毕业于××大学交通工程专业。非常感谢您给我这次机会，让我能够向您介绍自己。

首先，我具备较强的理论知识和实践能力。大学四年里，我不仅深入学习了交通规划、设计、管理等多方面的知识，还在实习期间的一个交通工程项目中担任过调研与设计的工作。在交通流量分析子项目模块中，我负责数据的收集和整理，最终使项目的准确度提高了15%。

其次，我熟练掌握了交通工程师所需的BIM建模技能。我能熟练运用Revit和Civil 3D进行交通基础设施的建模与分析，并参与过一个大型交通枢纽的BIM建模项目，确保模型在交付前零误差，得到了工作伙伴的高度认可。

最后，我的细心、耐心和责任心是我在处理复杂交通项目时的三大法宝。无论是面对海量的数据分析，还是高压的项目截止日期，我都能够保持冷静，高效地完成任务。并且，我总是追求卓越，持续探索新技术以推动项目的进步。

我非常期待能够加入贵公司，成为一名交通工程师。我相信，凭借我的专业知识、实践经验和个人品质，我能够为贵公司的交通工程项目贡献自己的力量。非常感谢您对我的关注，期待与您共事！

图5-6　小六月的自我介绍

讲解完自我介绍要点，高经理提问道："有没有同学参加过群面，也就是无领导小组面试？分享一下参加的体会。"

小六月分享了自己在找工作期间参加的两次无领导小组面试经历。

"第一次，我全程都是懵的。半个多小时，只在听小组其他应聘者发言，看着有人反驳上一个人的观点，又看着两个人好像要吵起来，我没有抢到一次发言机会。"

"第二次，当面试考官说完指导语后我马上第一个开口，希望争取到leader（领导者）的角色，但是却被第二位发言的同学抢走了，后来又扮演timer（计时者）的角色，也没有表现好。"

"其实，第二次我就知道了这种集体面试选拔人才的方式是无领导小组讨论法，还专门看了B站的视频学习，但是，还是没有抓住表现的精髓所在。"

高经理："非常感谢小六月的分享，无领导小组讨论法是组织招聘面试中常用的一种无角色群体自由讨论的选拔形式，在无领导小组讨论组织过程中，企业会将应聘者按6～12人编为一个小组，不确定会议主持人，不指定重点发言，不布置会议议程，小组人员根据面试考官提出的真实案例或假设材料，就某一指定题目进行自由讨论，并在30分钟时间内形成小组的一致意见。企业运用无领导小组讨论的方法选拔人才的标准主要包括5个方面（如图5-7所示）。

1. 应聘者发言次数的多少、发言质量的高低，是否专注关键问题，是否提出合理意见。

2. 应聘者是否敢于坚持自己的正确意见，是否敢于发表不同的意见，如何支持或肯定别人的合理建议，如何说服别人接受自己的观点。

3. 能否倾听别人的意见，是否尊重别人的不同看法，是否注意语言表达技巧。

4. 是否善于控制全局，是否善于调解争议，是否能够创造良好氛围。

5. 是否具有良好的语言表达能力、分析判断能力、反应能力和自控力等。

图 5-7　无领导小组面试方法招聘选拔人才的标准

企业运用无领导小组讨论法主要是测试应聘者的沟通能力、应变能力、人际影响力、分析能力和团队精神、自信心等，评价要点也是事先制定的衡量指标（见表 5-3）。主要的角色划分和任务分配见表 5-4。

表 5-3　无领导小组面试的评价指标和评价要点

评价指标	评价要点	评价指标	评价要点
沟通能力	◎ 敢于主动打破僵局 ◎ 口头表达清晰、流畅清楚 ◎ 能够倾听他人的合理意见 ◎ 善于运用语言、语调、目光和手势等 ◎ 遇到冲突保持冷静，并能提出缓解办法	分析能力	◎ 能够透过表面看到问题本质 ◎ 能够综合来自各方不同的信息，深化自己的认知 ◎ 快速地分析、确认问题所在 ◎ 解决问题的思路清楚、角度新颖
应变能力	◎ 遇到挫折时不慌不乱、沉着冷静 ◎ 在难题面前能够从多角度考虑问题 ◎ 遇到压力和矛盾时能积极寻求解决办法	团队精神	◎ 很快融入小组讨论中 ◎ 帮助他人，为小组整体利益着想 ◎ 有独立的意见，但必要时会妥协 ◎ 尊重他人，善于倾听他人的意见

续表

评价指标	评价要点	评价指标	评价要点
人际影响力	◎ 不以命令方式压制他人 ◎ 观点得到小组成员的认可 ◎ 小组成员愿意按照其建议行事	自信心	◎ 积极发言，敢于发表不同的意见 ◎ 强调自己的观点时有较强说服力 ◎ 能够通过案例和经验阐明计划

表 5-4 无领导小组面试的主要角色及面试策略

主要角色		面试策略
领导者	职责任务	推进讨论进度，引领讨论方向
	主要特质	气场强大，沟通表达能力强，组织能力强，决策能力强
	加分策略	结合团队人员优势，恰当引导发挥特长，关注团队成员
计时员	职责任务	规划讨论进度，维持讨论氛围
	主要特质	时间观念强，善于抓重点
	加分策略	将时间分块，适时做总结引入下一环节，引导统一方案
总结者	职责任务	记录笔记，梳理逻辑框架，整理讨论结果，最终汇报
	主要特质	理解能力强，归纳总结能力强，表达能力强
	加分策略	记录清晰有重点，分段总结，适时发言，及时推进重要问题解决
点子王	职责任务	贡献新思路新方案，创新，打破两难局面
	主要特质	创新能力强，逻辑能力强
	加分策略	用事实、数据支持观点，及时调整
协调者	职责任务	主动参与讨论，顾全大局，出现僵持阶段时能积极协调调解
	主要特质	协调能力强，善于活跃气氛
	加分策略	补充阐述与他人不同的观点，打好助攻

除了了解评分要点和主要角色外，要想在无领导小组面试过程中进一步出彩，还要提前思考：我应聘的岗位是什么？对于这个岗位我的优势是什么？我的专业性如何体现？……这些问题的答案，能让我们带着目标前行。

高经理补充道:"无论群面还是单面,无论结构化面试还是非结构面试,本质上面试官想要问的就是'你跟岗位的匹配程度',就是我们上次工作坊讲到的简历面试底层逻辑。"

"在讲述个人经历时可以借助 STAR 法则,S 指情境背景,即当时是什么情况? T 指任务,你需要完成的具体事情是什么? A 指行动,过程中你做了什么? R 指结果,得到的结果是什么? 自己从中学习到了什么? 比如,作为产品助理实习生,在项目中我专职进行用户需求调研,深入分析数据,并为团队提供了切实的优化方向。通过精准地识别用户需求、积极与团队成员沟通,我成功助力团队制定出贴近用户期望的产品策略。在团队协同合作下,该项目取得了突出成果,不仅用户数量激增,还赢得了广泛好评。我也因此受到领导和同事的高度认可,这段经历为我的职业生涯发展打下了坚实基础。"

为帮助同学更加身临其境地感受面试氛围,工作坊现场高经理还与同学们进行了现场模拟面试,在高经理与其余同学互动的过程中,小六月都在认真聆听,在听了很久之后小六月也跃跃欲试,高经理向小六月模拟提出了两个问题:

面试题目 1:假设你和同事一起值班,同事缺勤,被领导点名批评。该同事因此对你心生不满,认为你只顾自己表现,其他同事也对你议论纷纷。面对这种情况,你会如何应对?

面试题目 2:假设你有一个同事经常在领导和其他同事面前说你坏话,但表面上又和你关系很好。面对这种情况,你该怎么办?

小六月支支吾吾,回答得并不是很合适,高经理耐心地揭秘题目的评分点:

(1)尊重和理解对方的角度。首先要在态度上尊重对方,这样对方才有可能愿意沟通,才有解决分歧的可能。

(2)自我反思的角度。许多时候双方的分歧只是看问题的角度不同而已。仔细分析对方观点中的可取之处,反思自己考虑不周的地方,对双方的观点有一个客观正确的认识。

(3)沟通技巧方面。根据对方的性格,选择合适的时间、地点、方式进行真诚的沟通。如果对方是性格开朗的类型,则采用直言建议的方式;如果对方是内向严肃的性格,则通过委婉的方式或者通过第三方来间接表达自己的看法。总之,本着组织性、纪律性的原则求同存异,保持与同事间的良好人际关系。

大学生涯闯关记

在参加完工作坊之后,小六月特别感谢了高经理,并向他分享自己收到面试通知的好消息,并且说明本次工作坊的内容使自己更加有信心去企业面试。高经理热情地祝贺小六月后,很认真地提醒小六月:"记住:自信的眼神容易获得尊重,动人的微笑更容易打动人,自信表达重要,善于倾听同样重要。面试要以终为始,带着目标前行,多方位地展示真实的自己。"

5.3 轻松避开求职中的权益坑

5.3.1 谨防虚假招聘和非法中介

在应届毕业生群体中,大家的讨论内容除了找工作心得,其中热度最高的就是一些令人瞠目结舌的招聘过程中出现的诈骗事件。同学们最近广泛地讨论着《中国青年报》报道的一篇内容,有位大学生不到一个月就撞见三个大"坑":被用人单位提前收取"防违约押金",被黑中介骗了500元钱,被疑似传销组织的不明团伙骗到了外地。这些骗术利用了大学生的求职心切心理和社会经验缺乏,骗取大学生钱财,不但给大学生及其家庭造成经济损失,还严重影响到社会的稳定。不仅是招聘平台、微信、QQ、微博等社交平台,各大招聘网站也充斥着许多虚假招聘和中介信息。

学校也十分重视这类事件,于是特别外聘劳动法专家,为毕业生们开展了一场涉及防范虚假招聘和识别非法中介的讲座。小六月想起了之前参加过的面试当中,要不是在自己进行了细致的复盘和对比之后,发现有一些公司在招聘时经常会放一些"糖衣炮弹",看起来是非常不错的条件,但其实暗藏玄机,不然一旦踏入陷阱,自己可就非常被动了。小六月深感骗子的险恶,希望能够从讲座中多学习到一些知识,在求职路上避坑,因此在讲座的过程中,小六月认真记笔记,将重要的内容记录下来。

信息操控是利用欺诈者与受骗方信息的不对等进行欺骗。一方面，欺诈者会通过各种渠道获取、利用真实信息对大学生进行欺诈。另一方面，欺诈者往往会捏造部分虚假信息或篡改真实信息，选择可信赖的途径，比如利用一些招聘网站将这些真假参半的信息传递出去，使虚假信息看似真实可靠。

意识操控指欺诈者利用大学生求职的急迫心情和获得理想工作岗位的愿望，一步步引导大学生上当受骗。

环境操控指欺诈者利用新入职大学生缺少社会经验，不了解相关的劳动法律法规，有意营造出不利于应聘大学生的入职环境，达到控制和任意摆布应聘大学生的目的。

招聘中的虚假信息随时存在，对应聘者、招聘单位都存在不利影响，虚假招聘陷阱主要分为四种，大学生一定要特别警惕、严加防范。

（1）用招聘会变相收取高价门票。有些双选会未经有关主管单位审批而组织招聘。参加双选会的企业也良莠不齐，有的只为凑数，以便主办单位收取高价门票。除了学校组织的校园招聘会之外，大学生要选择去那种大喇叭喊"国家相关政策规定，招聘单位不得向应聘者收取任何费用"的招聘会。

（2）变相收费。比如，有些招聘企业提出收取应聘者报名费、资料费或培训费等名目繁多、数额不等的费用，大学生千万不要上当，否则交出去的钱就收不回来了。钱的损失只是一方面，被破坏的找工作的好心情却需要时间来愈合。正规招聘企业不可能收费，更不会违法扣押应聘者的身份证、毕业证等任何证件。

（3）用招聘掩盖违法行为。有些企业打着招聘的幌子，欺骗大学生做传销或其他违法的事情。如果不能及时识别，轻则被洗脑，重则有人身生命安全。如果遇到此类情况，首先是要确保自身的安全，然后再找到安全的地方迅速报警。

（4）虚假招聘信息。有的企业为了及时填补空缺岗位或者掩盖只用"试用期员工以节省费用"的背后目的，在招聘时提供了虚假信息。比如，本来招聘的是"推销岗"，却在招聘信息中填写了"营销策划岗"。可见，招聘单位在选择你的时候，你也要好好选选公司，这就是大学生行使"双向选择权"的时候了。

非法中介，主要是指未经劳动部门、工商部门等批准而从事职介、中介的非法机构。

非法中介行骗时的惯用伎俩主要有以下四种。

（1）广发信息。非法中介到处张贴、散发招聘启事，吸引来求职者后即索收报名费、培训费或所谓的咨询费，等求职者明白上当受骗后，交出去的钱却没办法再要回来了。

（2）串通企业。非法中介机构与一些企业相互串通发布不存在的岗位或过期招聘信息，骗取报名费和咨询费，然后安排假面试，再让求职者无限期等待。

（3）虚假广告。非法中介发布虚假或者夸大其词的广告，如"一周内上岗""月薪8 000元以上"等，继而骗取求职者的钱财。

（4）网络敛财。非法中介以虚拟的公司名义发布虚假的招聘信息，要求注册会员，收取会员费或登记费，然后对上门求职者收取推介费或咨询费等。

5.3.2　就业协议陷阱及防范措施

随着找工作时间的推进，也到了学校开始布置学业任务本科生毕业论文的时间点，小六月要开始准备自己的毕业论文了，她变得非常忙碌，每天既要关注自己新投递简历的公司有没有回复自己，以便自己及时准备面试，又要按时推进毕业论文的进度，让她身心俱疲。她的状态很糟糕，甚至有一次参加面试后准备签约，才发现协议里面竟然有不平等条款，还好学校的就业审核没有通过，不然自己可能就被无良企业坑骗了。

经过了一段时间的忙碌，小六月也终于找到了一家适合自己的公司，通过了面试，获得了实习的资格，实习结束后就可签约。虽然已经找到了心仪的工作，但小六月还是决定去做一次就业咨询，希望能够对于就业协议方面的信息有更加充分的了解，以避免出现类似前面经历的签订不平等条款的情况。

首先小六月听老师介绍了就业协议的相关情况，就业协议，是普通高等学校毕业生和企业在正式确立劳动人事关系前，经过双向选择而达成的书面协议，是高校进行毕业生就业管理、编制就业方案和毕业生办理就业落户手续等有关事项的重要依据。同时老师也向小六月介绍了在签订就业协议时，毕业生应避免掉入的三个坑。

（1）一是口头承诺。在面试时，企业会给予应聘者一些口头承诺，但是这些口头承诺如果没有在协议书中加以体现，就没有法律约束力。一旦协议主体间发生矛盾，吃亏的一般是学生本人。

（2）二是不平等协议。由于毕业生维权意识淡薄，在求职中一般处于弱势地位，这就使就业协议可能在某种程度上成为"霸王合同"。

（3）三是用就业协议取代劳动合同。就业协议并不能够取代劳动合同，就业协议只是企业和求职者双方的简单约定，它不受法律保护，而劳动合同是企业与求职者双方依据国家法律确定的劳动关系，劳动合同才是维护员工自身权益的保障。

老师还细心提醒小六月需要注意应届大学毕业生就业陷阱以及防范的措施。就业陷阱是指招聘单位或个人等，利用大学生社会经验不足、自我保护意识差等弱势地位，以提供就业机会为诱因，采用不合法的手段与大学生达成权利与义务不对等的各类就业意向，以期侵害应届大学毕业生合法权益的骗局。

而且应届大学毕业生就业陷阱主要有四个典型特征：欺骗性、诱惑性、隐蔽性和违法性，求职期间的安全防范主要有四项措施（如图5-8所示）。

心态务实 合理定位	抱着务实的心态，合理定位，积极主动寻找适合自己的岗位，不等、不靠、不要，不把所有的鸡蛋放到一个篮子里，多方出击，快速、高效、好就业
虚假信息 果断拒绝	搜集招聘信息时，要对其加以筛选，排除那些"挂羊头卖狗肉"的虚假信息。一旦发现自己应聘的工作有和广告宣传不符的情况，一定要果断地拒绝
合作正规 职介机构	正规职业中介机构有营业执照和招工许可证原件，明码标价，公示劳动监察机关举报受理电话，收费时出具发票，服务人员持有职业资格证，这些要提前看清或查明
谨慎签订 就业协议	仔细研究就业协议书及其补充协议中的条款，不要在协议书中留下空白条款，盖骑缝章，一定要慎防无保障协议、死协议、权利义务不对等的不平等协议

图5-8　毕业生求职安全四项措施

第 6 章

追求卓越：成为更好的自己

　　时间来到了小六月大学的最后一个寒假，她也正式进入未来要工作的地方实习，这一次的实习对她来说意义非凡，相当于未来工作生活的预演，她干劲十足，非常期待自己能够获得公司领导和同事的认可。在角色即将发生转变的时期，她又会遇到哪些有趣的人和事呢？

6.1 从容应对校园到职场的转变

6.1.1 校园人 VS 职业人

小六月已经到公司实习一个星期了,这天,经理分配给她为新产品撰写说明书的工作,她非常兴奋,这是她第一次真正意义上接触到技术工作。回到自己的工位,她把公司现有产品的使用说明书查阅了一番,却发现新产品并没有太大的创新,就算编写使用说明书自己也没有太大的发挥空间,于是她找到了自己的传帮带师傅——比她早两年入职的丽丽姐请教。

小六月:"丽丽姐,我最近接到了撰写新产品说明书的工作,但是我感觉和上一代产品区别并不大,功能也差不多,这份说明书应该怎么写?可以给我一点建议吗?"

丽丽:"新产品我还没用过,你自己试一下,看看有什么新功能,说明书写明白如何使用就可以了。"

小六月:"好的,谢谢丽丽姐。"

经过两天的时间,小六月赶在 ddl(最后期限)之前把说明书交给了经理。

经理:"你能告诉我你这份说明书和上一代产品有什么区别吗?"

小六月:"我把新功能的使用说明加在后面了……"

经理:"只是在上一代说明书后面加了一条,你觉得这项工作需要两天时间吗?你正式入职以后就是产品技术人员,未来还有可能升任技术总监,你就是这么对待自己的新产品的?新产品交到你手上,你仔细研究过了吗?新功能加在后面,用户就能知道怎么用了吗?再说,你只在使用后面加了一条,那相关条款呢?你作为用户,如果对公司产品没有一定的了解,你能看个说明书就了解新功能怎么使用吗？三个小时的时间，回去重新写。"

小六月："对不起经理，我马上研究一下，重新写一份交给您。"

小六月心里很委屈，经理的话虽然有理，但总有种自己的努力不被认可的感觉，只好带着不满重新开始编辑说明书。

回到自己的工位上，小六月难免面色不好，旁边的丽丽姐看到后问："怎么了小六月？怎么看起来心情这么差？"

小六月："我被经理训了，他说我说明书写得不过关，还讽刺了我两句，我只是个实习生嘛，第一次干这样的工作，哪能一下就过关。"

丽丽："小六月，你可不能抱着这样的心态工作，你要明白，你的经理不是你的老师，也不是你的家人，在你工作出现问题的时候不可能像师长一样和颜悦色，你要想好，进入了工作岗位你就和学生时代不一样了，事业与学业不同，同事与同学不同，领导也与师长不同，你要在做好本职工作的同时，做好角色转换的准备。"

小六月："我会好好思考的，谢谢你丽丽姐。"

丽丽："别客气，小六月要加油哦！"

已经初步意识到职场环境与大学校园截然不同的小六月在自己的桌子前坐下来，打算从根源上梳理一下自己这次为什么出现了这样的问题。

她准备好了纸笔，将校园学习和职场工作的差异一条条地列出来，通过表格对比的方式让自己更加清楚学校环境和工作环境的差别（见表6-1）。

表6-1 校园学习和职场工作的差异

大学文化	工作文化
1. 弹性的时间安排 2. 学生可以逃课 3. 更有规律、更个性化的反馈 4. 寒暑假和自由的节假日休息 5. 问题有选项、有正确的答案 6. 教学大纲提供清晰的任务 7. 分数上的个人竞争 8. 工作循环周期较短：每周作业，每学期为16周左右 9. 奖励以客观性标准和优点为基础	1. 更固定的工作时间 2. 员工不能缺勤 3. 无规律和不经常的反馈 4. 没有寒暑假，法定节假日也时常加班 5. 有问题却很少有正确的答案 6. 任务模糊、不清晰，管理不是非黑即白，而是灰度管理 7. 按团队业绩进行绩效考核评估并获得不同的绩效工资 8. 持续数月、数年或者更长时间的重复性工作循环 9. 奖励更多是以主观性评价和个人判断为依据
学校的教授	公司的老板
1. 鼓励交流、讨论并分享观点 2. 规定完成学业任务的具体时间 3. 期待公平 4. 知识导向	1. 要结果，通常对讨论过程不感兴趣 2. 经常性地分派紧急工作，成果交付周期很短 3. 有时很独断，并不总是公平、公正、公开 4. 结果（利益）导向
校园里的学习	工作中的学习
1. 抽象性、理论性的原则和知识 2. 正规的、结构性的和象征性的学习 3. 统一的教材知识，个性化的学习	1. 具体的问题解决方法和决策制定 2. 以工作中的临时性、紧急性任务和职场生活为基础 3. 社会性、任务性的知识培训和技能训练

看着自己的成果，小六月叹了口气，心想这区别也太多了些。虽然挑战很大，但能够尽早认识校园与职场必然存在的区别，肯定对快速适应职场生活很有帮助！小六月拍了拍自己的脸让自己清醒起来，开始思索如何帮助自己尽快调整心态。

6.1.2 快速度过职场蘑菇期

小六月带着自己梳理出来的校园学习与职场工作差异表再次找到了丽丽姐。

小六月："丽丽姐，你看这是我刚刚梳理出来的校园学习和职场工作的差异，我正对着这张表思考如何快速适应职业人的身份，你有什么好的建议可以给到我吗？"

丽丽："小六月，你听说过职场的'蘑菇定律'吗？"

小六月："蘑菇定律？听起来很有意思，以前没有听说过呢。"

丽丽："初入职场的新人总是幻想领导能注意到自己的才华和努力，但现实是，绝大多数新人都是坐在角落里，重复着跑腿的工作。领导不会多关注你，甚至偶尔还会指责批评。职场新人会被放在阴暗的角落，会被忽视，就像蘑菇种植一样，需要动物粪便作为培养料，而培养料就像是遭受各种莫须有的批评和指责，长期任其自生自灭。这种现象被称为'蘑菇定律'。蘑菇定律也指组织对待职场新人的一种普遍存在的管理方法，无论你是多么优秀的人才，在初入职场的时候，都只能从最简单的事情做起。"

听到这段关于蘑菇定律的描述，小六月结合自己的情况理解起来："初入职场的小白、菜鸟、企业新员工和像我一样的应届毕业生们，又何尝不是一颗颗'小蘑菇'呢？"

听到这里，小六月内心有底气了许多，若有所思道："当小蘑菇的经历，对于成长中的职场新人来说，就像蚕茧，是羽化前必须经历的一步。虽然现在作为小蘑菇的我很是难受，但换个角度看，这段经历并不一定是什么坏事，尤其是当职场生涯刚刚开始的时候，当几天'小蘑菇'能够消除职场新人很多不切实际的幻想，让我更加接近职场的现状、现物、现实，看问题也更加实际。试问，有几位职场老前辈没有做过'小蘑菇'的经历？"

丽丽："蘑菇早期生长在黑暗的土地上，如果在前期就放弃了成长的希望，那就只能永远保持沉默。在被看成'蘑菇'时，一味强调自己是'灵芝'并没有用，利用环境尽快成长才是最重要的。当你真的从'蘑菇堆'里脱颖而出时，你的价值就会被认可。"

丽丽接着补充道："不用害怕艰辛和磨难，每个职场新人都要经历这样一个'蘑菇期'，再优秀的人，都是从最简单的事情开始，一路成长。在破土之前，唯一能做的就是不放弃，忍耐，把事情做到极致，你总会有自己的高光时刻。"

调整好了自己的心态，拥有了面对差异、克服差异的勇气后，小六月通过网上查阅资料、向已经工作的学长学姐请教、再次跟丽丽姐探讨等多种方式,整理出快速度过职场蘑菇期的六条策略。同时,她摩拳擦掌,准备通过自己的努力,将心态的改变落实到行动上去。

(1)**端正职业心态,做好时间管理**。多听、多看、多学,尽快脱离学生状态的学习生活,投入工作状态,静下心来培养职业兴趣,合理安排工作、生活、休闲时间。

(2)**虚心求教,不断积累经验**。从基础工作做起,虚心学习知识,虚心向有经验的领导和同事学习,尽快熟悉工作岗位的知识,结合实际,从工作实践中汲取知识,不断积累工作经验。

(3)**化被动为主动,熟悉工作规则**。直面职场困惑,主动寻求问题解决方案,熟悉工作规则,如各类会议、通信方式、办公系统等。

(4)**适应环境,认真对待每件小事**。注意个人着装和言谈举止,与公司氛围保持一致。

独立思考,少说多做,从小事做起,认真完成每项工作任务,了解工作任务的完成标准,确保工作任务准时完成。

(5)**主动请示汇报,抓住机会表现**。养成及时请示汇报的习惯,善于做事,也要善于抓住机会脱颖而出,酒香也怕巷子深。

(6)**周密准备,做好工作记录**。每项工作要进行周密的准备和计划,同时做好工作记录,总结、提炼标准化工作流程,并定期复盘。

6.1.3 职场丛林生存法则

为了更加游刃有余地做好从校园到职场的角色转变,小六月参加了学校就业与创业指导中心举办的职场素养提升工作坊,这次工作坊小六月依旧收获满满,并将重点的知识都记在了笔记本上,想着时常拿出来看看,常看常新。笔记中记道:

职场的本质是价值交换,职场是由"人"与"事"双轴心构成的,时时刻刻都在动态发展着。"人"要花费时间精力做"事",为组织带来组织需求的价值,组织的需求被满足有利于组织更快更好地发展,从而获取更高的利润以及更高的社会认可度。同时,个人在为组织工作后,组织反馈给员工金钱、一定的社会地位及其他价值,当组织发展得更好,获得更高的利润以及社会认可度后,员工能交换到的经济价值和社会价值就会更多。

职场是团队的高效协作,职场发展需要高效运转的团队,而不只是工作能力很强的一个人。学生时代大多数时间只有一个人努力奋斗,以个人为单位在竞争,而进入职场后大多数情况是团队之间在竞争。在团队中每个人都有自己的特点,大家形成互补,领头人让每个人的才智尽可能发挥出来,发挥出"1+1>2"的效果,团队成员协作共赢,一起取得团队之间竞争的胜利。

职场是多因素交叠的竞争,和学生时代不同,职场竞争和淘汰是时时刻刻发生,并且不像学生时代会在一个确切的时间有确切考试,然后凭借考试成绩进行淘汰。职场上平时的表现,积累的经验、才能,甚至是人际关系都会影响竞争结果。为了能够长期在职场中具有竞争力,需要不停地学习积累,沉住气不骄不躁地打磨自己,保持着"活到老学到老"的心态,不断培养自己的专业能力,让自己在职场中有不可替代性。同时,与身边的同事友善相处,良好的人际关系更有利于个人发展。

大学生初入职场,从象牙塔走向社会,总会出现各种各样的适应问题,主要表现为在个人思想、工作态度以及工作能力上,思想压力过大、工作态度不端正以及工作能力与工作不匹配都将导致职业发展不顺畅,甚至有可能被职场淘汰,因此,同学们要直面问题,及时纠错。

表 6-2 大学生入职适应问题总结表

问题种类	具体表现	应对建议
个人思想类	认为发展前景不理想	提升专业能力,深入了解发展前景信息,努力学习其他技能
	不知道未来发展方向,感到迷茫	多与前辈沟通,多收集职业信息,了解晋升发展渠道,深度认知自我与环境
	感觉薪资太低,与个人能力不匹配	反思工资与能力是否真的不匹配,多方评估取证
	感觉人际关系复杂,怕与人打交道	积极融入职场环境,坦然接受职场的复杂性

续表

问题种类	具体表现	应对建议
工作态度类	工作追求完美	要学会接受平凡的自己，不要给自己过多压力
	缺乏工作兴趣	善于发现工作中的美好事物，努力培养工作兴趣
	无法及时调节工作中的负面情绪	培养自己的爱好，适当地转移注意力
	凡事太过较真或太过忍让	放松自己的心态，为自己设定一个最低与最高阈值，在此范围内就要接受
	看不上领导或对领导盲目崇拜	为自己提供心理暗示，接受领导的不足，学习领导的过人之处
	无法与企业文化融合	设定自己的原则，在原则范围内积极融入工作环境
	相较于学生生活，工作压力太大	工作是一种谋生的手段，压力比学生生活大是常态，重要的是缓解自身压力，可以选择运动或者娱乐活动来改善自身状态
	习惯单打独斗	除了个人能力外，团队协作也是影响工作效率的主要因素，与他人和谐相处，增强团队协作能力
	被动接受知识，难以主动学习	提高自学能力，合理利用碎片化时间，与时代共同进步，以便更好地适应职场发展
工作能力类	工作能力不足而感到挫败	刚进入职场时，能力不足是常有的事情，努力学习，提升能力，不必过分自责
	难以适应工作节奏	调整状态，提升自身技能，及时向同事们请教
	不知道如何与同事有效沟通	多听，多看，多学，提升沟通能力，必要时可参加相关培训学习

推荐使用 **PDCA** 循环工作法则（如图 **6-1** 所示）。P 指 plan，也就是计划。计划是科学工作方法的第一步，可以是周计划、月计划、年计划，日计划，也可以是针对某个项目、某件工作制订的具体计划，包括方针和目标的确定以及活动计划的制定。D 指 do，也就是行动。依据计划立刻行动，实现计划中的内容，

光有计划不行动等于空想。C 代表 check，也就是检查。检查验证评估效果，把行动后的结果与计划进行比较，检查结果与计划间的偏差，分析、查找原因，同时总结行动结果，分清哪些对了，哪些错了，明确效果，找出问题。A 代表 action，也就是修正。对结果进行修正；对计划和实际的偏离进行修正，对成功的经验加以肯定，并予以标准化，便于以后工作时遵循；对于失败的教训也要总结，以免重现。

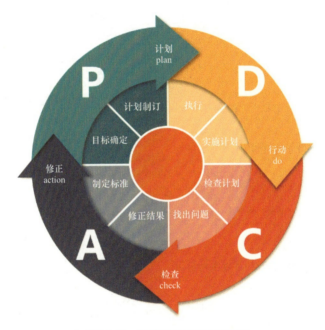

图 6-1　PDCA 循环工作法则

制订计划环节可以遵循四步：分析现状找出问题，根据问题找出原因，辨析原因找到主因，针对主因制订改进计划。可以借助 6W3H 工作法则（如图 6-2 所示）制订计划。

what—目标是什么，为达到目标要采取什么行动，做什么？

who—谁去做，与工作有关联的人都包括谁？

when—什么时候做，什么时候完成，阶段怎样划分？

where—在什么地方做，工作岗位和场所在哪里？

why—为什么去做，为什么不采取其他做法，理由何在？

which—回答上面 5 个 W 后，会出现多个方案，哪个最好？

how—怎样做？如何完成？

how many—多大的工作量？需要多少人，多长时间？

how much—需要多少经费？做到什么程度？

例如，对于制作一份新产品的调研问卷的任务，可以用 6W3H 工作法则制订计划。

图 6-2　6W3H 工作法则

> 大学生涯闯关记

6.2 职场青铜到王者的进阶之路

6.2.1 4P营销理论提升职场竞争力

　　完成了校园人到职业人的心态转变，又掌握了职场生存法则的小六月，实习逐渐步入正轨，小六月感觉自己的收获非常大，甚至有一种已经告别校园，走入工作岗位的错觉。只是，与经验丰富的前辈们相比，总觉得差了些什么呢？

　　小六月回忆了一下自己近期工作的完成情况，总觉得自己好像只是在机械地完成领导交代的工作，最后的结果也只能说是中规中矩，但前辈们的工作完成后，却可以说是十分多彩。她不止一次在旁观会议时对其他人的展示或发言感到惊艳，还在技术部门看到了不同的技术人员为新产品添加各种各样的新功能，这让她憧憬未来正式加入公司的同时，也暗暗有些害怕自己并不能出色地完成自己的工作。

她很苦恼，于是决定在实习结束前，自己做一次详细的复盘，并再去请教职场前辈丽丽姐。

小六月："丽丽姐，耽误您一点时间，想请教一些关于更好完成工作的方法，我实习有四个月的时间了，现在只能按部就班地完成领导交办的任务，有些任务完成的结果也不是很理想，我想提升自己完成工作的水平，从'菜鸟'变成'熟鸟'，您是否方便给我一些建议？"

丽丽："小六月，通过我对你这段时间的观察和了解，你是一个非常细心、认真、有责任感的人，尤其是上次你完成的新产品调研问卷着实让我们惊艳了一把，没想到作为实习生的你思考问题这么全面系统。"

小六月有些不好意思地笑了："丽丽姐，你过奖了，我觉得自己进步的空间还很大，跟大家共事时深刻感受到了差距，你们每个人身上都有个人的优势特长，我想知道怎么才能像你们一样又快又好地完成工作，同时也有独特的闪光点？"

丽丽："小六月，你别着急，等你正式入职后公司会对新员工进行系统的培训，这些培训会锻炼你的专业能力和工作中用到的其他核心能力，比如会有专业工具实操课、技术大咖分享会、沟通谈判技巧培训等。当下，你可以先借助一个4P营销理论梳理自己的现状，制定出个人职业竞争力提升策略。"

小六月："4P营销理论？听起来像是产品销售？"

丽丽笑了："是的，我们要把自己当成一件产品，这个策略还是我的前辈分享给我的呢。"

丽丽接着说："4P是四个英文首字母的缩写，即产品（product）、价格（price）、促进（promotion）、渠道（place）。针对个人而言，职业竞争力的提升策略为：注重自我修炼，成为优质'产品'；持续保持'促进'，打造个人品牌；建立资源链接，铺设通往目的地的'渠道'；拓展市场思维，用发展眼光制定'价格'。"

丽丽一边说，小六月一边记笔记。

"首先，要注重自我修炼，成为优质'产品'。要想成为'好产品'，努力和坚守必不可少。拼成绩，是学生时代的竞争方式，拼学习的转换能力，才是职业竞争的方式，所以，提升职业竞争力的方式是学会追问问题本质，构建自己的知识体系，将知识内化应用。要有结果思维，重点不是做多少事情，而是拿到了多少结果，比如学习了多少时长，学习了什么不是最重要的，最重要的是学习成果是什么，掌握了多少知识，掌握了什么技能。工作本身的过程不是最重要的，最重要的是产生的价值是什么，取得了什么样的结果，比如打了多少个销售电话是过程，结果要问销售额是多少，搞定了多少客户。"

"**其次，持续保持'促进'，打造个人品牌**。个人品牌是你在某个领域某些事情上的专业形象、优秀的口碑和影响力。打造个人品牌首先要对自己进行精准定位和认知，清晰自身优势和劣势，充分发挥优势，在自己擅长和感兴趣的领域内定位发展目标，并持续精进。当今职场流行斜木桶原理（如图6-3所示），该原理指一只木桶能盛多少水，并不取决于最短的那块木板，而是取决于最长的那块木板，因为我们可以把木桶放置在一个斜面上，木桶倾斜的方向的木板越长，则木桶内装的水越多。所以，真正聪明的人，都懂得聚焦自己的优势，不断地把优势磨砺得更加锋利，锋利到足以淹没短板的地步。"

图6-3 斜木桶原理（图片来源于网络）

"**再次，建立资源链接，铺设通往目的地的'渠道'**。环境和交际圈对人的成长和发展有莫大的影响，要提前树立资源链接思维，编织人脉资源和关系网络，关系网络分为内部公关和外部联络。内部公关，是指与同事、领导间的人际关系，内部良好的人际关系能够促进高效率协作和信息交流共享。外部联络，是指行业知名专家、行业协会、商业客户、高等院校等工作圈内人士，要多与这些机构和个人接触和结识，可以扩大个人视野和见闻，遇到问题时可以求助，也会带来重要的事业机会。"

"**最后，拓展市场思维，用发展的眼光制定'价格'**。转换思维视角，站在市场的角度看待个人发展，了解市场水平。要思考自己职业生涯发展路径，在职业生涯开始的前几年你最想得到的是什么，需要付出什么，要以发展的眼光看待岗位回馈。例如，制定职业发展目标时充分考虑未来发展空间和平台，与国家和社会的发展相结合，当与国家发展同频共振时，个人发展能顺应趋势实现价值最大化。"

丽丽讲完后，小六月画出了4P职业竞争力提升表格（见表6-3）。

表 6-3　4P 职业竞争力提升表格

4P 营销理论	具体内涵	目标定位	目标实现策略
产品（product）	构建知识体系、知识内化应用，结果思维		
促进（promotion）	精准的个人定位、挖掘优势、持续精进		
渠道（place）	资源链接、环境和交际圈、内部公关、外部联络		
价格（price）	发展的眼光、了解市场水平、价值最大化		

丽丽看到小六月画出的表格，夸赞道："小六月，你的总结能力和执行能力很强呀，我再分享给你我平时工作用的两个文档手册，一个是工作习惯总结，另一个是工作工具汇总。"

丽丽一边说一边发给小六月两个文档手册："这些习惯和工具都是我日常工作中积累汇总来的。"

小六月非常感激："太感谢丽丽姐的倾囊相授了，你的分享我受益匪浅，我会认真学习这两个文档手册的，而且我也要向你学习，养成积累汇总记录的好习惯。"

丽丽："不客气，也期待你补充更多的好习惯和职场工具，咱们互通有无，共同成长。"

小六月坚定地点点头："一定一定！"

6.2.2　职场加分的 100 条好习惯

（一）文档使用类

（1）做表格时，加上序号，其他人能马上看到对应字段的数量。

（2）提供给他人的 Excel 表，如果行数太多，记得冻结标题行。如果预感对方要打印，那可以设置好打印区域。

（3）Word 文件一定要加页码，这样如果别人有修改意见，也方便说"第几页的第几段要修改"。给 Word 文件加页码时，最好采用×/×格式，方便对方判断阅读时长。

（4）务必校稿。很多人不会因为你做得多好夸你，但会因为有错别字觉得你不认真。最好是找一个没有参与这份材料的朋友校稿，因为你自己已经太过熟悉，很容易忽略细节。

（5）通过社交软件发送 Word 文件或 PPT 文件时，也同步发一个 PDF 版本。一方面方便阅读，因为文件一般更小；另一方面也不容易乱码，对方直接打开后即可看到成品。

（6）提供给他人的文件，不要取名为"修改稿""新建文件""111"，至少要把主题加上，例如，"××××年总结"。

（7）如果发给他人的是修改后的版本，最好注明修改了哪几处，这样对方也可以重点看这些内容。

（8）引用外部数据时，一定要加上数据来源。这既保证了数据的严谨性，也方便日后更新数据。

（9）做汇报类的 PPT 时，最好有个摘要，说明核心观点。一般来说，不要寄希望于他人去总结，别人没时间。

（10）重要的 PPT 文件演示前，一定要提前到现场测试。有的地方可能不支持你的计算机，而官方用的计算机可能没有你的字体、不能播放你用的视频，甚至不能放映你的 PPT 文件（可能是因为太大）。这样你可以及时找到解决方案，比如将 PPT 文件存为 PDF 文件放映。

（11）重要的电子文件记得备份。如果不涉密，可以考虑放云盘；如果涉密，就发一份到自己的公司邮箱。否则计算机丢失或者硬盘出故障，损失就无法估量。

（12）每次开会时，尽量提前拿到会议文档，或者提前了解会议内容，并准备好一些发言思路。这样临时被叫起来，也可以说出点看法。

（13）帮他人递送文件，只要不是机密，便要熟悉内容。因为收到文件的人大概率会问：这是什么？我需要关注什么？

（14）有任务的时候，马上写下来，否则你会因为担心忘记而焦虑。

（15）将常用的信息（例如地址、证件照）存到微信的"收藏"里，之后找起来会很方便。

（二）向上汇报类

（1）做汇报时，多准备一个"plan B"，他人不用做解答题，而是做选择题。

（2）每周给领导汇报工作，说明本周完成了什么，下周要做什么，让老板心中有数。

（3）向领导请示希望做某项工作前，问自己三件事：① 为什么做这项工作；② 这项工作对领导或部门有什么好处；③ 有没有"plan B"。

（4）需要请示领导的，一定要请示。不要想着他应该知道，大概率他应该不知道。

（5）在让领导做决策前，自己要有结论和理由，比如，"我觉得可以……因为……"，否则你就只是一个收集信息的工具。

（6）接到任务后，建议加上你会什么时候交付，比如，"好的，下午三点前给您"。

（7）成果的包装就像礼盒，第一印象好不好，决定了他人觉得你好不好。最简单的方法，就是报告的封面一定要好看。

（8）汇报之前准备两个方案，一个是完整版，另一个是简略版。因为你不知道对方是不是会临时有事，只给你 5 分钟把事情说清楚。

（9）重要的汇报，提前排练四次。第一次拿着稿子，逐字逐句排练；第二次把稿子放在一边，对着 PPT 文件排练；第三次在一个没人的地方（比如，家里的厕所），对着镜子排练；第四次排练时，设想别人会怎么提问，然后模拟回答。

（10）如果是汇报修改后的方案，一开始就说清楚修改点在哪里。如果汇报年度计划，第一页就说清楚今年的重点是什么。

（11）经典的汇报策略 A："领导，占用您 5 分钟时间，关于×××，第一……第二……第三……您觉得呢？"经典的汇报策略 B："领导，下周三邀请您……，背景是……，参与人员是……，希望您讲话强调……，您觉得呢？"

（12）发给领导的材料，如果他改了，注意他修改了哪些内容——这些都是自己以后的提升点。

（13）汇报工作时，把团队成员的姓名都写在首页上，并有意识地强调大家的功劳。

（14）领导提的疑惑要解答。因为他提出来的时候，总是假设你已经听到了。不解答，只会让他觉得你不在意他的想法，信任便因此崩塌。

（15）不要越级汇报。

（三）沟通表达类

（1）主动自我介绍。常备一个简单的自我介绍：我是谁+怎么记住我的姓名+在哪工作。例如：曹将，大家可以记成"曹操的将领"，在××工作。

（2）微信加对方好友时，记得说明自己是谁（××公司××部门×××），或者与他人的联系（××介绍），否则对方怎么知道"如风"是谁。加了好友后，建议再简单介绍一下自己，比如：××部门×××，139××××××××（手机号）。

（3）微信沟通时不要说"在吗"，直奔主题说明来意。对方愿意帮忙自然会回复，不愿意帮忙则会假装没看见。

（4）少说自己行业的专有名词或英文缩写，很惹人嫌。

（5）拒绝他人时，可以分两步走。第一步，对不起；第二步，你可以。比如，对不起，今天事情实在太多，我给你一个网站，你可以在那里找到解决方案。"对不起"强调客观原因，"你可以"是指出方向。

（6）谈判时，底牌不要一开始就丢出来，因为万一对方还有大的筹码，你就彻底输了。

（7）谈话陷入僵局时，就赶紧中断。否则大家就一直耗着，互相难为情。

（8）请教他人时，说一句"大概占用您×分钟"，并且严格控制时间。尊重他人的时间就是最大的尊重。

（9）商务沟通时，提前到达会场，会更有主动权，至少能占个好位置。

（10）多和同事一起吃午餐，这是建立连接的重要渠道。

（11）如果你想让别人做某件事，那就找他的关注点。比如，熊孩子在你旁边，家长不理睬。如果你突然咳嗽，家长大概率会跟熊孩子换座位。

（12）夸人时要具体，"你真棒"只是逢场作戏，"你刚刚说的有一点对我启发很大……"则让人如沐春风。

（13）如果是做分享，每个章节结束后一定要总结，要不听众真的记不住。

（14）无论多么有价值的分享，都要控制好时间，意犹未尽总是优于过犹不及。

（15）打电话前确认对方是否方便。电话已经越来越给人"打扰感"，在拨打过去之前，先问一下对方是否方便，顺便把问题也发送过去。他有了心理准备和内容准备，沟通的质量会更高。

（16）工作期间尽量少发语音，除非征得对方同意或是紧急情况。

（17）在和任何人沟通时，不要靠在椅背上，那会显得自己很大牌。坐在椅子 2/3 的位置，人更挺拔，也更谦卑。

（18）和他人长时间沟通时，如果中途对方话题走偏了，可以考虑先总结对方之前的观点，让他感觉受到了尊重，然后再引入正轨。

（19）微信沟通时，如果来不及回复他人信息，可以说一句：不好意思，现在有事，晚点再回复。然后设置个"提醒"。

（四）效率提升类

（1）把相似的工作放在一起，效率更高。比如，回复邮件、打印材料、整理桌面等碎片化的工作集中处理。

（2）任务来了，先思考一下整体流程，而非马上开工。就如同考试时，先浏览整个试卷，再分配时间。

（3）先做减法，再做加法。遇到一个任务，先做减法，找到最核心的关键内容；再做加法，让任务的完成更全面。

（4）输入时间和输出时间可以区分开来。输入时大脑处于采集状态，输出时大脑处于高速运转状态，两者模式不同，交叉起来容易瘫痪。

（5）如果遇到难题一直想不清楚，短暂做点其他事。比如，接杯水，散个步，甚至上个厕所。回来后，总会有意外的灵感。

（6）找到自己最高效的时间段，这段时间做重要的事。比如，我晚上 10 点后是灵感爆发期，那么这个时候适合写东西。

（7）留一点时间刻意不看屏幕。现在无时无刻不在看屏幕，工作看计算机，上厕所看手机。大脑一直转，人就一直累。留出 10 分钟不看手机，纯粹地休息，更容易恢复状态。

（8）做事之前，先把它拆解为一个个行动，其中一个行动进展不顺时，就先做其他的。

（9）如果一件事很不想做，那就先做容易的事，进入状态后再做最不想做的事。

（10）领导交代的要事，至少要在中途汇报一次进度，让他/她放心，如果遇到了阻碍，马上汇报。

（11）如果正在做涉及机密的事，离开座位时，一定要锁屏。

（12）不要追求所有的事情都100分，保证重要的工作100分即可。

（13）把常做的工作变成模板，每次填空，而非每次去重新设计。

（14）"外包"一些麻烦又没必要学习的工作，比如，买个设计模板，比自己花时间设计一个丑陋的画面更省心。

（15）学习一些常用软件技能，比如Excel文件的"数据透视表"，PPT文件的"母版"，Word文件的"样式"。

（16）储备一些互联网神器，帮助我们更快捷地解决日常难题。如果不知道，可以这么搜索："××+神器"。

（17）情绪大的时候不要直接发微信或语音，把要说的话写到Word文件里，然后再复制到微信里。多一个步骤，少一点情绪。

（18）做错事后，马上道歉，并且附上解决方案。

（19）汇报重要的工作前，写逐字稿，它能帮你理清逻辑。

（五）时间管理类

（1）给自己画一张时间表，大概每月要做哪些事情，特别是重要的任务在什么时候做，然后提前为它做准备。

（2）时间不要排得太满，留一点空闲时间，它可以用来应对临时事务，也可以用来自我复盘。

（3）将每天要做的工作梳理成标准流程，之后的操作就不用再思考，省出时间给有挑战性的任务。

（4）如果一天工作内容特别多，那遇到难的就先跳过，保证先完成大部分内容。这类似于考试，先做简单的，把基础分拿到手，再来挑战高分。

（5）给工作设定一个有挑战性的截止时间。比如，要写一篇稿，我会倒计时30分钟，接下来拼命完成它。这个过程中，大脑的运转会比平时更快。

（6）拒绝双线程工作，特别是两个不相关的工作。因为大脑在切换工作时，会有注意力的损耗。

（7）给自己一点纯粹休息的时间。比如，我会选择每天晚上冥想15分钟。

（8）在每次拿起手机前，问自己三句话：① 你为什么要打开手机？② 你要看多长时间？③ 你还能去做什么？去控制手机，而非被手机控制。

（9）如果一件事很重要，那就写在便利贴上，贴在工位上看得见的地方。它会督促你去完成，这就是环境的作用。

（10）如果一段时间没有那么忙，也不要停下来。可以学点东西，做一下未来工作的计划和准备。让自己处于适当忙碌的状态，可以更快速地应对新的挑战。

（11）日常提前积累一些工作的素材，等到工作来了就马上用上。比如，年初预计年中要做一场大型活动，那么就可以提前找找其他公司的活动方案，制作一份"大型活动锦囊"。

（12）难的工作一定要切碎，切到可执行的层面。比如要完成一本书很难，但切到"写第一章目录""写第二章目录"……"写案例一""写案例二"……这样就更容易执行了。

（六）职场精进类

（1）如果想练习摄影，先拍1 000张照片。只有在战争中才能学会战争，只有在实践中才能学会知识。如果想精进摄影，删掉990张照片。在删除的过程中，理解好照片的标准，这些标准将指导之后的行动。

（2）把工作当作自己提升的途径。这样对待工作就不只是完成任务，而是主动选择挑战，并通过挑战完善自我。

（3）做复杂且困难的事，它的价值比重复简单的事更有价值。因为这个过程中会锻炼系统的能力，比如决策思维、整合资源；而且任务本身有严格的要求、明确的时间节点，你会有足够的动力去完成和完善它。

（4）一个岗位职能要做上三年，第一年了解，第二年熟悉，第三年精进。没有足够的实践数量和投入，难以达成质变。

（5）做好简单的事，这是积累信任的前提。大多数领导的想法很朴实：如果这简单的事都做不好，我怎么敢给你更重要的事？

（6）和积极向上的人做朋友。情绪和动力会传染，当他们充满正能量时，你也会被灌入阳光。

（7）去假设"如果是自己来会如何做"。看到他人在尝试一件新工作时，自己也去假设一下，如果独立负责，会如何计划，如何组织资源，如何创新。

（8）做完一件事并不意味着结束，还要多一步复盘。否则经历就只是沙子，风一吹就散掉。复盘时简单的内容要变成流程。第一步怎么做，第二步怎么做，第三步怎么做，形成 SOP 标准操作流程。

（9）复盘时要努力看到本质。浮于表面的场景很好理解，背后的原因更有迁移的可能。就如同看到客户要微笑是第一层，深挖一层是如何建立信任。复盘时不要忘了组织支持。比如，领导的支持、客户的支持，继而延伸到如何获得支持。复盘每天都要做，可以简单问一句：今天我收获了什么。如果没有，那这一天真的是庸庸碌碌度过。

（10）找到一个师父。师父可以对你的行动给出建议和点评，相当于考试时有了参考答案。否则做错了也不知道，或者有更好的解题思路也难以发觉。

（11）经验一定要分享。分享的过程，可以得到他人的经验和建议，补充进来便可形成经验迭代。同时，它也可以帮你建立个人品牌。

（12）尝试新方法。同样的工作在第二次做的时候，找一条新的路。重复只会让你更快完成工作，创新则会带来个人新的成长曲线。

（13）多看看优秀的案例，虽然可能用不上，但至少知道自己做得还不够。有空间意味着有进步，而满足意味着停滞不前。

（14）多体验"不伤害自己"的场景。比如，要练习演讲，就多在团队内做分享，这里犯错了不怕，却能让自己提前演练所有的流程和内容。

（15）当你觉得一件事有问题，但又不清楚是什么问题时，问一句：做这件事的目的是什么？一般可以找到答案。

（16）把知识问题化是学习的最佳路径。比如，学了统计分析，就问自己如何将部门同事按照男女、年龄进行分析，得到规律。

（17）问题转化一定要具体。比如，信息提炼方法，改成"如何在 3 分钟内将 100 字提炼成 10 个字"，就会更有价值。因为这对应了场景，也能指导行动。

（18）当工作面临困境时，问问同行，见见前辈，大多数问题他们都经历过。然后结合工作需求进行模仿、实践，最后形成体系。

（19）建立自己的智囊团。朋友里最好有这样一群人，他们有年龄差，经历有区别。这样当遇到一个举棋不定的问题时，他们可以站在自己的角度给到建议。

（20）和他人合作时，给一个质量高的模板，得到好的结果；给一个一般的模板，得到差的结果。

——引自曹将公众号《2024年，从400条职场好习惯开始》，有删减。

6.2.3　高效能人士必备七件神器

1. 时间管理画布

时间管理画布（如图6-4所示），是指把工作按其紧迫性和重要性分成四类，以图示要点规划时间与工作关系的工具。第一象限是既重要又紧急的工作，需要优先完成；第二象限是重要但不紧急的工作，可以制订计划防患于未然；第三象限是不重要也不紧急的工作；第四象限是紧急但不重要的工作。

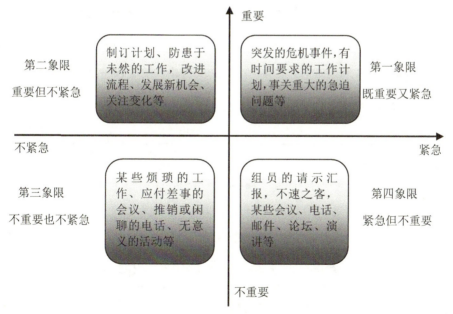

图6-4　时间管理画布

2. 鱼骨图

鱼骨图，是一种发现问题根本原因的方法，简洁实用、深入直观。鱼骨图实施过程有五个步骤。(1)在一张图板的右端写上问题表述，即为鱼头。(2)以鱼头为起点向左端画一条直线，并在直线上画几条斜线代表"大骨头"，这些大骨头代表了各种潜在的原因。(3)在大骨头的末端，写上主要类别，以便将原因分类。这些类别的题目要与问题相对应。(4)在每个大骨头上面写出已经知道的具体的或猜测到的潜在原因。(5)用3W要素法来分析这些"大骨头"。如果你觉得要找到答案有困难，你可以试一试脑力激荡法。当然，因为这些潜在原因没有分主次，你可能对一些潜在原因进行了细致的图表分析，而它们有很大可能不是问题的原因。例如，用鱼骨图分析公司新产品的销量提升缓慢的原因（如图6-5所示）。

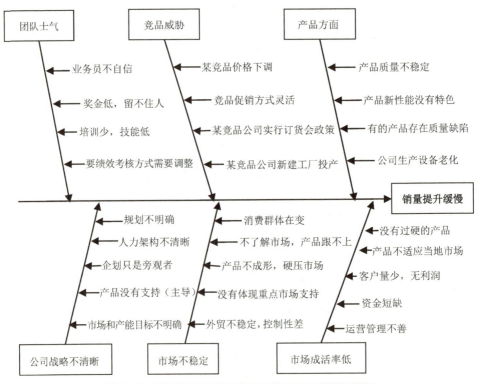

图6-5 鱼骨图分析公司新产品销量提升缓慢的原因

3. 项目复盘导图

复盘，原是围棋术语，本意是对弈者下完一盘棋之后，重新在棋盘前把对弈过程摆一遍，看看哪些地方下得好，哪些地方下得不好，哪些地方可以有不同甚至是更好的下法等。这里是指在项目或工作阶段性完成后进行的复演，旨在总结项目或工作中的优劣表现，从而指导未来面对同样的情况时，采用更好的策略方法，从而取得更好的业绩。复盘时需要注意，项目复盘是对事不对人，是为了后续提升个人能力和项目价值而做的，而不是秋后算账的手段。建立起这种安全感和信任感是做好项目复盘的基础。职场中常见的项目复盘可以分为以下几个步骤：首先，回顾目标，当初立项的目的、期望的结果是什么，核心阶段目标有哪些？其次，分析结果，对照原来设定的目标，对目标完成情况进行分析。其中，未完成目标的根本原因，包括主观和客观两方面。再次，找出项目实施过程中的亮点经验和不足之处，对于规律性的事件要形成流程标准。最后，提出后续需要实施哪些新举措，继续执行哪些计划，改进哪些措施等（如图6-6所示）。

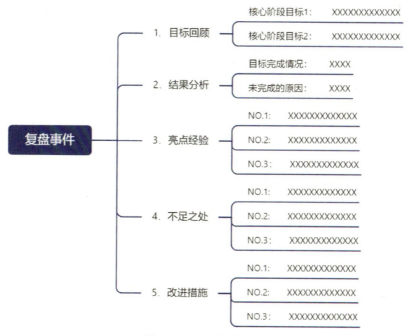

图6-6　项目复盘导图

4. 情绪管理圈

人关注的事物分为两层，一层是关注圈，一层是影响圈。关注圈是我们关注的事物，里面增加一层影响圈，影响圈是在事件中我们可以掌控的部分，我们有话语权和操作权的部分，比如，我们关注圈是职场工作繁忙，杂事太多，压力山大，影响圈是我们可以通过各种方式让个人工作效率提升，职业竞争力提升。当我们过多地关注影响圈会积极主动寻求改变，行动起来会发现影响圈越来越大，可以用关注圈和影响圈时做好情绪管理，具体方法为：第一步，写出最近导致你情绪消极（或困扰你）的事情，分析原因和因素按照关注圈和影响圈归类；第二步，分析对于影响圈外的事情可以通过哪些方式接纳？也就是情绪释放或压力排解的方法；第三步，对于影响圈内的事情可以开展哪些行动扩大？情绪管理圈如图 6-7 所示。

图 6-7　情绪管理圈

5. 生涯平衡轮

生涯平衡轮（如图 6-8 所示）用于平衡个人生涯角色，也可以广泛用于平衡各个学科、各项工作，同时也能用于制订计划并评估调整。具体使用方法为：

（1）画一个大圆，同圆心内再画一圈小圆，平均几等分，一般分成 6 份或 8

份，也可以自己定义分成几份，建议分 5~8 份，不能太少，也不能太多。

（2）给圆的每一个部分分配出一个定义，比如，关于我们的人生目标，可以分为财富、健康、家庭、事业、朋友、休闲娱乐、个人成长、自我实现 8 个方面。当然也可以根据自己的实际情况进行划分，原则是不重不漏，如果超出 8 个，做出取舍，选最重要的 8 个。

（3）给每个部分的现状打一个分数，圆心为 0 分，小的圆边为满分，10 分制或者百分制都不重要，重要的是衡量一个大致的水平。打完分，按大致比例，分别涂上不同颜色。

（4）针对每一个部分，你希望能够达成的目标在一个什么状态上，给最终的目标一个大致的分数。实际上我们也不可能指望人生里的每一个部分都是十全十美的，有很多部分，能够做到 8 分以上其实已经很不错了。

（5）自己考虑生涯平衡轮的这些部分里面，有没有某一模块的提高可以带动生涯平衡轮的各部分总体提升。如果短期内有一些部分需要改善和提升，是哪些模块？对选中的模块，在接下来的一个月，打算在表现上提升几分？如果多个模块需要提升，在最近一个月内，优先选一个模块。为实现这个最重要目标，具体要做什么工作？列 3 条以内可定时、定点、定量的计划。如果时间冲突，优先做哪个模块？

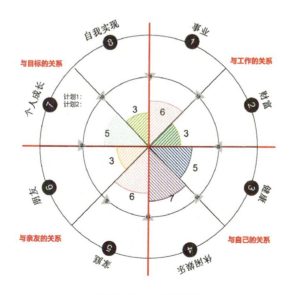

图 6-8　生涯平衡轮

6. 项目管理甘特图

项目管理甘特图又称为横道图、条状图，以提出者亨利·L. 甘特先生的名字命名。它的内在思想简单，是以图示的方式通过活动列表和时间刻度形象地表示出任何特定项目的活动顺序与持续时间。项目管理甘特图基本是一张线条图，横轴表示时间，纵轴表示任务（项目），线条表示在整个期间上计划和实际的活动完成情况。它直观地表明任务计划在什么时候进行，以及实际进展与计划要求的对比。使用项目管理甘特图可清晰展现出一项任务（项目）还剩下哪些工作要做，并可以评估工作进度。可以使用 Excel 构造项目管理甘特图，也可以使用专门的项目管理甘特图软件。项目管理甘特图如图 6-9 所示。

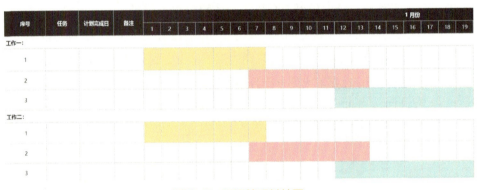

图 6-9　项目管理甘特图

7. 会议纪要模板

职场的高频场景之一是会议，大大小小的会议，或者是工作布置，或者是工作复盘，或者是沟通协调，或者是纯粹旁听。这时，一套清晰实用的会议纪要模板有助于推进会议布置的工作，归纳总结会议重点内容和要求，同时也能明确任务分工。开会前，确定会议的主题、参会人员、时间和地点，这些信息的作用是方便后期查找。开会时，在记录栏里记录会议的过程和内容。会议结束后，在重点栏里记录本次会议的摘要，如果比较忙，写下提纲也行，这是为了后期快速找到重点。会议结束后，写下接下来我要做什么，他人要做什么，这样就能方便跟踪自己和他人日后的进度。如果有一些零星的想法，可以写在备注栏里。会议记录模板见表6-4。

表6-4 会议记录模板

主题	小作坊周会			备注
时间	2022年2月13日	地点	家（微信群聊）	
参会人员	曹将、七七、小六月			
重点	记录			
1. 下周重点工作 2. 2022年计划	**1. 下周重点工作** ● …… ● …… ● …… **2. 设计2022年的规划** ● …… ● …… 某某某： ● …… ● …… 某某某： ● …… ● ……			
接下来我要做什么？				
1. 整理大家的方案 2. 设计2022年的计划				
其他人要做什么？				
1. 某某某：① 完成×× 　　　　　② 完成×× 2. 某某某：① 完成×× 　　　　　② 完成××				

备注：引自曹将公众号《下次开会时，请打开这份模板》。

> 大学生涯闯关记

6.3 职业发展管理的葵花宝典

6.3.1 先跟后带的动态发展模式

日子过得很快，小六月的大学生活即将结束，她穿着学士服，和同学在阳光下面对镜头，留下了珍贵的记忆。回想自己当初从一个迷茫度日的学生，到学会时间管理，再到锻炼决策能力，后来又一路坎坷地找到心仪的工作，在实习实践中成长，到现在即将走出校园大门，彻底步入社会，进入职场。小六月深刻地发现，自己的大学生活只有在面临问题时才会去思考和求助以解决问题，缺少宏观的规划。回想实习结束时部门领导对自己说的一番话，她感慨颇深。

"小六月，恭喜你完成了入职前的实习，实习期间你的表现非常不错，但是相信你也意识到自己存在的一些问题，有问题有困难是很正常的，因为正式解决

这些问题的过程使我们成长。你要明白，未来你的职业生涯还有很长的道路要走，你需要做好规划，让自己不断成长，才能走出一条精彩的职业生涯之路，非常期待你毕业后正式入职与我成为同事，我代表公司欢迎你的加入！"

是啊，职业生涯之路不能如盲人摸象，那么未来的生活和工作，自己的道路绝不能"走一步看一步"了，一定要做好规划，就算出现新的问题，自己也能有一个准备，在毕业之前，最后做一次职业生涯发展咨询吧。

咨询室里，小六月提出了自己最后一个问题："顾老师，我未来的职业生涯，到底会如何发展呢？我该做怎样的规划呢？"

顾老师微微一笑："小六月，恭喜你要毕业啦，很高兴你能意识到职业生涯发展规划和管理的重要性。之前你参加的职场素养工作坊，已经了解到职场是一个交换场，其本质是交换和匹配，今天咱们一起来学习职业发展模型，这个模型详细描述了人和职业相互匹配和适应的过程，借助这个模型我们可以进行职业生涯发展管理。"

顾老师接着讲解："这个模型分为两个模块、四个要素和两条主线。两个模块中，左边是自我，用能力换得需求；右边是职业，给予回馈换来员工完成岗位要求。四个要素是个人的工作能力、个人的需求、职业的要求和职业给予的回馈。两条主线是四个要素之间的互动和匹配，成功线，即组织对个人能力是否满意；幸福线，即个人对职业回馈是否满意；两条主线决定了自我与职业的适应程度。"

"这个模型强调人与职业的互动关系，两者间是互动匹配的关系，是持续的等价交换的动态平衡过程。适应是一个动态的过程，一边不断提高自己的能力以适应组织的需求，一边也需要提出自己的合理需要，达到组织满意度和个人满意度的双高。通过这个模型我们能看到两种不同的职业适应模式，愿景导向的 leader 循环模式与资源导向的 follower 循环模式。"

"follower 循环模式是从能力出发，提升能力满足职业的需求，职业回馈满足自我的需求，需求被满足后能力再提升。大学生、职场新人都属于 follower 循环模式。在这一时期的人需要首先定位自己的能力，先做生存期的事情，同时定位岗位要求，提升自我，让自己可以胜任工作要求，在度过工作的生存期进入发展期后再思考更多个人需求价值的实现。"

"leader 循环模式是从自我的需求出发，找能满足自我需求回馈的职业，职业的需求能被自我的能力满足，能力再提升，自我需求再提升再寻找能满足回馈的职业。经理、高管等都属于 leader 循环模式。在这种模式下人们第一步应该明确自己想要什么，评估自己当下的资源，第二步发现更多能满足自己价值的平台，第三步进行职业访谈，认清楚自己职业的本来面目，最后积累能力，制订计划开始行动。"

顾老师重点强调："作为职场新人，建议采用先跟后带，也就是**先 follower 后 leader 的发展策略**，这样能放平心态，脚踏实地努力工作，也不会忘记在低头赶路的同时抬头看天。"

小六月频频点头，认真地记录下来。

职业发展模型如图 6-10 所示。

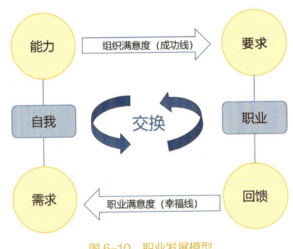

图 6-10　职业发展模型

6.3.2　四个维度修炼职场升值力

为什么同样的岗位，有的人追求职位的晋升，有的人追求专业的精进？

为什么有的人享受多个领域的切换，喜欢做斜杠青年，有的人却愿意兢兢业业坚守一个领域？

为什么有的人工作中怨声载道，遇到困难就躲避推卸，有的人却能主动寻求创新和突破?

为什么同样的资源配给、相似的工作环境,却导致了千差万别的个体绩效结果?

顾老师接连提出问题,引导小六月进行深度思考。同时,向小六月讲解了职业生涯发展的四个维度。

职业生涯发展的方向共有四个维度——高度、深度、宽度、温度(如图6-11所示)。人在不同的年龄段,根据现实和自身条件的考量会追求不同的维度。比如,一个四五十岁的人在自己的领域里已经有了一定影响力(高度),就会去追求深度,去探索该领域更深层次的东西,去寻求极致、反复打磨。在职业生涯的旅程中,每个人的精力有限,不可能做到四个维度都完美、都比别人优秀。因此只跟自己比,想清楚自己的追求,按照自身的追求去分配精力,去追求四个维度的平衡。

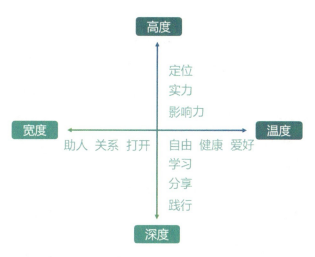

图6-11 职业生涯发展"四个维度"

职业生涯的高度意味着在社会工作中能达到的地位、掌握的权力及造成的影响力等。顾名思义,它是向上无限延展的,意味着一步一步走向更优秀的平台、掌握更优渥的资源、造成更广阔的影响力。职业生涯高度的追求者数不胜数,大多数领导者、管理者、政治家都在其中。高度里的关键词是定位、实力和影响力,

大学生涯闯关记

他们都会先明确自己想要成为的人,即精准的定位。有了精准的定位,就要扎实自己在这个定位上的根基,提升自己的硬实力和竞争力。在拥有绝对的实力之后就拥有了影响力,让更多的人认可自己的存在价值。

职业生涯的深度意味着人在自己的工作领域上达到的卓越程度。"台上一分钟,台下十年功",比如,四年超过 1 万小时苦练的奥运健儿,资深名医,律师,IT 工程师,等等。深度的关键词是学习、分享和践行。学习:可以通过书本去学,可以通过培训去学,也可以通过网络去学,关键是要系统性地去学习一个领域,形成有效的知识体系。分享:学习完的知识要想变为自己的,就要内化,而内化的最有效方式是总结和分享。践行:学完的知识,只有在实际工作中用到才真正变为自己的"武器",且这个"武器"一定是在内化为自己固有的知识后,才能在以后用到的时候无意识地拿出来用到。

职业生涯的宽度意味着人在自己的职业生涯中能涉及的领域数量、能承担的角色种类,它代表着横向发展。即我们能够打开和做好人生中多少个不同的人生角色,让它们丰富又互相平衡。在宽度的世界里,关键词是打开、关系和助人。打开:即打开内心,开始和他人建立一段关系。打开自己才能打开一扇未知的门,每打开一扇门就会丰富起一个小世界关系,即在打开之后,维护和发展好一段关系。助人:助人是一种极好地让你的宽度扩展的方式,让你有机会去帮到更多人,链接更多人。以斜杠青年为例,拥有多重职业和身份、享受多元的生活,实现自己的热爱、梦想和意义。打开内心世界,接受外界的丰富与精彩,认真扮演不同的人生角色。正如斜杠青年苏东坡,写诗歌与黄庭坚并举;写词与辛弃疾并举;写散文与欧阳修并举;做美食,东坡肉传至今天;怀念爱人,他写"不思量,自难忘";为官,他解决真正的民生问题。横向展开,做好生活赋予的每一个角色,不断拓展职业生涯宽度,开拓人生广度。

职业生涯的温度意味着人对于自己生活的热爱和激情。职业生涯温度的追寻者探索内在世界,追寻真实鲜活的生命状态,寻找自己存在的意义,活出自己最想要的鲜活与热爱。"热爱可抵岁月漫长,温柔可挡艰难时光"。把职业生涯过得有温度,把生活过得幸福。例如,屠呦呦、袁隆平等人,做自己喜欢做的事情,追寻自己认定的自由。这是职业生涯最内在的一个维度,是判断标准最个性化的一个维度,却也是与幸福相关度最紧密的一个维度。正是因为这个维度隐藏得很深，又缺少外界评价，许多人向来没太在意这个维度，所以才有那么一群人过着成功、卓越、面面俱到却冷冰冰的生活。温度的世界里，关键词是健康、爱好、自由。健康：包括生理健康，也包括心理健康，总之身心健康是提高一个人幸福度和温度几乎最核心的方式。爱好：培养或发展一个或多个爱好也是提高温度的一个策略，不过你要真的确认自己是热爱这件事情的。

在一步步认识职业发展"四个维度"时，你会发现四者并不能完全割裂开来，在不同阶段有侧重地发展不同维度，有时又能奇妙地感受到四个维度的转换与融合。

6.3.3 寻求内外职业生涯的平衡

介绍完职业生涯发展的四个维度，顾老师继续提出新的概念——内职业生涯和外职业生涯。

内职业生涯是指从事一种职业时的知识、观念、经验、能力、心理素质、内心感受等因素的组合及其变化过程。内职业生涯是通过从事职业时的表现、工作结果、言谈举止表现出来的。比如，有些刚毕业的同学会担心自己找不到好工作，或找工作时预期值过高，与个人能力不符，找到工作后会担心自己不能胜任，不能晋升，未来没有稳定的保证等，这些情况都是内职业生涯因素匮乏的表现。内职业生涯各项因素的取得，可以通过别人的帮助而实现，但主要还是靠自己努力追求来实现，且各项因素一旦取得，别人便不能收回或剥夺。

外职业生涯是指从事一种职业时的工作时间、工作地点、工作单位、工作内容、工作职务、工资待遇等因素的组合及其变化过程。比如，企业的类型、担任的职务、职称、基本工资、岗位津贴、奖金，等等，这些因素就构成了外职业生涯。外职业生涯的构成因素通常是由别人认可和给予的，也容易被别人否认和收回。外职业生涯因素可能与自己的付出不符，尤其是在职业生涯初期。

从内外职业生涯的含义中我们可以发现，内职业生涯的发展比外职业生涯的发展更为重要，它是外职业生涯发展的前提。如果用一棵树来比喻内外职业生涯，树干、树冠、树叶、果实等就像外职业生涯一样显而易见，谁都希望自己的职业生涯之树茁壮挺拔、枝繁叶茂、硕果累累，但这样一棵参天大树不是凭空长成的，底下的庞大根系给了它强有力的支撑，汲取并输送着大树所需要的营养。对自然界中的植物研究发现，环境越是恶劣，土壤越是贫瘠，越需要更庞大的根系，树根和树冠的比例，在肥沃的土壤中是 1∶1，在贫瘠的土壤中是 3∶1，在沙漠地带会达到 5∶1。这是大自然的规律和智慧。植物需要先有树根提供支持和营养系统，才能形成树干和树冠，而树干和树冠的成长又促使树根向更广泛和纵深处发展，以汲取更多的营养和水分，这样树冠和树根交替发展，相互成全，正如内外职业生涯的关系，相互促进，相互发展，也相互折射。

对于我们大学生，在思考个人职业生涯发展时，要提醒自己：想要枝繁叶茂、硕果累累，首先要根深蒂固。有很多同学在找工作的时候，先问用人单位："工资有多少？有奖金吗？提供宿舍吗？"等问题，这些问题关心的都是外职业生涯的内容，如果你的关注点在下面这些问题上：岗位需要什么样的能力素质，我能争取到什么样的锻炼机会，用多长时间达到公司对我的要求，等等，也就是把关注点放到内职业生涯的树根上，你的树根会越深越长，吸收更多的营养和水分，长出更多的枝芽和果实。

认真记录下了笔记后，小六月放下了笔。回想起从大一入学到如今快要毕业，每次咨询时顾老师耐心地引导和详细的解答，小六月心中充满感激与不舍。

小六月："顾老师，谢谢您一直以来对我的指导，我一定不辜负您的教诲！"

顾老师欣慰地拍拍小六月的肩膀，给了她一个大大的拥抱。

顾老师："小六月，再次恭喜你毕业啦，薪资、环境是激励一个人工作的基础因素，而真正激励一个人向前的是挑战、认可及个人成长等'动力因素'。工作中总会遇到不如意，比如相处不来的同事、话不投机的领导，也可能被日复一日地机械工作耗尽热情，这时静下心来修炼自己的内职业生涯，脚踏实地，从眼前开始，视工作为进步的阶梯，在工作中不断精进，你会被工作成全。希望未来的你能坚定地走好每一步，遇见更好的自己！"

大学一线段，人生一条线！

今天毕业的小六月，人在毕业典礼这令人激动的现场，心里却怎么也管不住地回忆起了大学时光，回忆起那些夙兴夜寐、挑灯夜战的日子，回忆起那些手忙脚乱却充实无比的生活，回忆起遇到的各种各样的困惑问题，回忆起那些有趣有爱的人和那些难忘的小确幸。

毕业典礼上，毕业生代表在发言：

"大学四年是人的生命中最美好的年龄段，本科校园生活是学生时代最幸福的一段学业生涯，四年成为过去，未来已经来到。学习的点点滴滴、走过的每一步路、所谓"好"与"坏"的校园经历……所有的一切成就了今天独一无二的我们。所有的付出和努力都值得被肯定，我、你、他/她、我们一起体验，人生就是一场盛会、一场庆典。"

"人生对我们来说是一场旅途，每个人都是旅途中的乘客，那些随时停靠的站点，就是连成我们完整人生历程中一段又一段的点。人生这一条线中有数条线段，大学显然是其中非常重要的一条。当然，我们不可能从眼前这些点连出通向未来的那条线，但是，当回过头来看时，就会发现这些过去的一点一点组成的一条线段其实已经与前前后后其他线段连成了一条线。"

小六月随着毕业生代表的发言在日记本上复盘大学四年，画出了大学生涯成长攻略，并在毕业前夕把书本、生活用品、各种卡片整理好，收好尾，为本科生涯画上一个圆满的句号。

校门口，小六月拖着行李箱，手里拿着自己四年奋斗换来的毕业证书，她感慨万千，自己终是走出校园，进入了职场，她和舍友、同学、老师们道别，大家眼里都含着热泪，依依惜别。

　　始于一张通知书，终于一张毕业证，致敬每一位平凡而无价的毕业生。走出校门后的人生将更精彩，即使通往未来的道路有波折和阻碍，但要相信关关难过关关过，前路漫漫亦灿灿。人生没有输赢，只有成长，进一寸必有一寸的欢欣，任何时刻要怀有积极的态度，任何时刻不忘付诸积极的行动，任何时刻不忘学习，任何时刻不忘主动出击，梦想要大，步子要小，永葆对生活的热忱，干得热火朝天，活得热气腾腾，不忘初心，不负韶华！

小 R 目的大学成长历程

大一
1. 初来报到的紧张无措
2. 新生活适应期的迷茫与困惑
3. 期中考试成绩不理想、担忧专业学习
4. 与室友们相处之后来规划的困惑
5. 与他人的相较中的不适应和矛盾
6. 专业分流选择的困惑与纠结

- 1. 明确专业方向后的信心增长
- 2. 认识社会需求和专业能力的差距
- 3. 有针对性地参与校园活动
- 4. 完成两段实习的成就感

大二
1. 校园活动选择的矛盾与纠结
2. 面对众多机会的选择困难
3. 对自我认知的怀疑和矛盾

- 1. 面临毕业后读研或就业工作的困扰
- 2. 职业目标确定前的信息混乱与焦虑
- 3. 定下目标后难以付诸行动的焦虑
- 4. 计划执行过程中的混乱与紧张
- 5. 第一次面试失败的失望与紧张
- 6. 同期准备毕业论文和找工作的焦虑与疲惫
- 7. 实习期间工作不顺利接批评的委屈
- 8. 实习中与其他员工能力比较的担忧与苦恼

大三

- 1. 确定职业目标和发展主线的明晰
- 2. 利用小工具助力目标实现的动力和快乐
- 3. 学习制作弹性计划表的平静与有序
- 4. 准备毕业后就业的理解
- 5. 确定职业蜜罐区的学习进步
- 6. 面试职业工作中的学习进步
- 7. 找到适合的公司并转换通过面试的喜悦
- 8. 实习期间的角色转变与职场法则掌握
- 9. 自我提升后的成就感

大四